歌三線の民俗誌

沖縄文化の源流を求めて

宮城鷹夫
Takao Miyagi

文藝春秋企画出版部

『花のカジマヤー』出版の祝賀会で

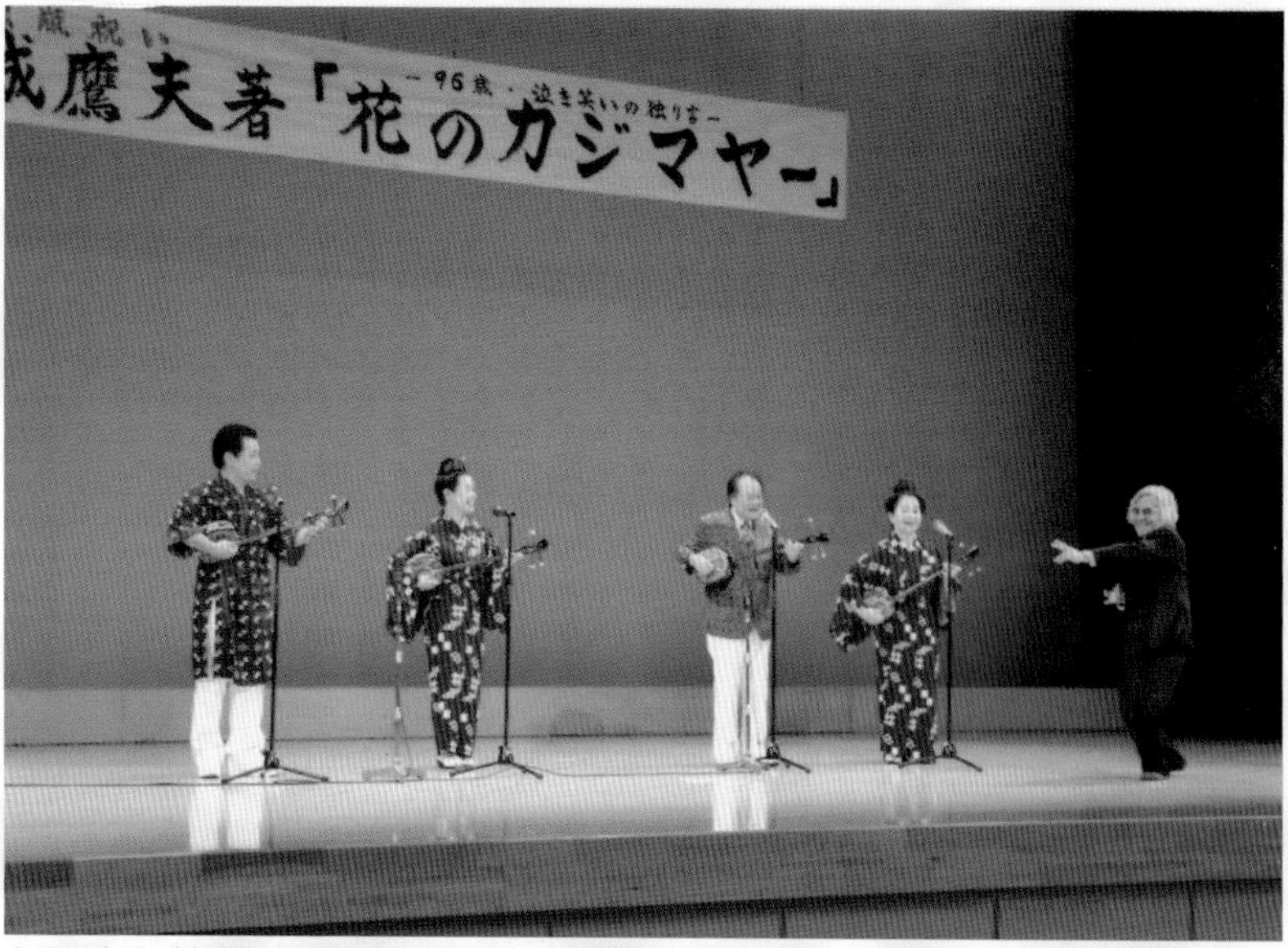

上原正吉氏（中央）の三線演奏で沖縄舞踊を披露

同祝賀会で「武の舞」を演じる御殿手範士の著者

孫の凛（右）、怜と（2023年8月）

沖縄タイムス芸術賞の授賞式で（著者：後列左から３人目）

４人の子供たちと

著者近影

歌三線の民俗誌

沖縄文化の源流を求めて

まえがき――琉球音楽の正統な保存を

思うに琉球音楽の熱は琉球古典舞踊熱と共に、画期的なものがあり、まさに琉球芸能の黄金時代を呈していると言っても過言ではなかろう。沖縄タイムスに勤めているとき、琉球音楽の正統を伝えたいという意欲から、今でいう文化事業を始めることにした。琉球音楽と芸能の正統の保存ということは難事中の難事で、個々別々の小流派が乱立する現状を見るとき、いささか憂慮に堪えないものがある。この現状に対処して、正しい喉使いや節回しの正確な符号を付した工工四《クンクンシー》が、保存会の努力によって刊行されたことにはよかったと思う。現存する工工四や五線譜にしても、こまかい節回しや喉使い、まして演奏上の思い入れに至っては、到底記憶し得るものではなかろう。

そこでわれわれ新聞社が望むところは、琉球音楽の大家諸賢が、ながい経験と深甚なる思想感情に訴えてレコードやテープに生々しい肉声を記録し、これを保存するという面に、一層の努力を傾注して貰いたいということであった。「沖縄の『三線《さんしん》』その歌意と随想」はわれわれが語り合ったことであり、協力を呼び掛けることにした。僕は在職中、文化事業担当者として、それを忠実にまもりながら新聞社の文化事業を進めてきた。

沖縄戦が終わって80余年、もうこの辺で思いを重ねての「三線回顧」を記したい。沖縄の施政権が日本に返還されて半世紀（50年）が過ぎた。長い年月が流れたのに、広大な米軍基地の存在はアメリカ統治時代とあまり変わらない。そして、南西諸島でのミサイル基地建設という現実は、台湾をめぐる米中緊張のなかで、沖縄が二度三度戦場になる可能性を示している。だからこそ平和な三線音楽を大事に継承したい。

第二次世界大戦中、日本で数少ない地上戦の戦場となった沖縄の住民は、生活の中で戦争を身近に体験し、死と向かい合った。しかも「平和な島」を求める沖縄の人たちの思いは、日本やアメリカの国際政治の思惑によって、その理想の実現を阻まれてきた。しかし沖縄の人たちは、いかなる体験と苦しみにあっても、たとえ戦時下でも「歌と三線」は忘れなかった。戦中、防空壕の中でさえも三線を小さく弾いて心を慰めたのである。戦後は本物の三線を失っても米軍が投げ捨てたカンカラと寝台棒を組み合わせ、落下傘のヒモから弦を引き揚げてカンカラ三線を造り上げたことが、今でも語りぐさになっている。

沖縄は琉球王府時代から「廃琉置県」の大転換を迎え、さらに戦争の場となって塗炭の体験をさせられたが、それはすべて県外から持ち込まれた災難であった。その貧困と困窮に耐えながらも三線音楽によって心の豊かさを補い、琉歌に乗せて、潤いに満ちた社会を築いてきた。これから述べる8・8・8・6調の琉歌がそれを如実に示している。現代社会を生き抜く智恵として、指針として、県民の胸中の支えにしたいという願いがある。それが「沖縄のこころ」と言いたい。

ここに、野村流古典音楽保存会の上巻、下巻の全曲歌詞を工工四の順通り取り上げ、三線への思いに随想を加えて書いてみた。いつの時代が「古典」と言うべきか決まっているわけではないが、王府時代に中国の使者を歓待した御冠船時代から演じられた奥深い三線音楽を「古典」と呼ぶようにして、まずは民意に添う「沖縄の文化」ともいうべき古典音楽に潜む歌意に随想をつけて探ってみよう。

もくじ

琉球古典音楽の系譜――湛水《たんすい》流・安冨祖《あふそ》流・野村流の流れを探る

沖縄の精神文化は「歌三線」に込められている。三線音楽の湛水流・安冨祖流・野村流について取材し、新聞にも掲載した。改めて取材内容に触れてみよう。

まず基本となるのは「湛水流」である。湛水流は、山内盛彬翁の採譜によると、古典音楽の祖とされる湛水親方が編み出した技法・歌唱曲で構成されている。湛水親方・幸地賢忠（1623～83年）を祖とする曲で、自然発声法、素朴な旋律などを基本にしている。現在まで残っているのは7曲9種に過ぎないが、古典音楽の源流を感じさせるものとして注目されている。

音楽は枯淡幽玄。1972年12月28日、湛水流は県の指定無形文化財に認定された。現在は作田節、首里節、じゃんな節、諸鈍節、暁節の昔5曲と早作田節、揚作田節の2種7

曲が残っている。戦前の伊差川世瑞と中学教師だった世禮國男の声楽譜を用いた楽譜を工工四に直して、現在使用されている。

湛水親方、つまり幸地賢忠は「小赤頭《こあくがみ》」として王府に仕え、薩摩支配のころ4回も薩摩にのぼり、要職についた。しかし踊奉行のとき「薩摩に寄りすぎている」として、摂政の羽地朝秀（唐名・向象賢）の怒りに触れ、役職を追われた。幸地があまりにも薩摩寄りだったので、中国系の羽地は気にいらなかったからという。

そこで幸地は具志川間切田場ムラに隠居し、剃髪して「湛水」と号した。自ら岡上の里をつくり、ムラ人たちとの交流を深め、三線音楽の普及に努めながら学問も教えた。その根底にあったのは「日琉同祖論」である。系統から見ても言語の使い方からしても関西のコトバの原点は琉球語にあると主張した。田場ムラの若者が大勢集まり、耳を傾けたのに、首里王府からの苦言はなかったらしい。どうしたことか50歳で首里に戻り、踊奉行となって芸能普及に尽くした。1676年に呼び戻され、茶道の頭役に命ぜられたのである。その住まい「御茶屋御殿」には、古典音楽の名手として多くの門弟が集まった。現在、湛水流の会員数はとりわけ多いわけではないが、古典音楽の原点を守るため、現在も上里平三師範を中心に取り組んでいる。「教本」も出版している。上里師範のたゆまぬ努力が実を結びつつあるといえよう。沖縄市立図書館には「湛水親方顕彰碑」が建てられている。その流れを受けた安冨祖流に楽譜はなかった。しかし、沖縄には数知れない民謡や古典音楽が残っている。沖縄タイムスに勤めていたころ、沖縄本島にある古い音楽と歌碑を巡る課題があった。県民だけでなく、琉球音楽に観光客の目を向けさせようとの意味もあったのである。安冨祖流の三線は、とくに工工四だけに頼ることをしない。

師の宮里春行さんは明治44年生まれ、知念小学校近くに稽古場があって、美しい声で二《に》揚《あぎ》「述懐」「散山」「仲風」など、難しい曲も教えていた。「歌は自らの気持ちで歌うもの。教本に頼って形式にとらわれては感動を与えない」と、一曲ごとに実技で教えたのである。それが歌の本質で、安冨祖流に本式の工工四はなかった。なくても左指押さえ、右指の音さばきで覚えれば、歌は歌う人の感情発露であるとも教えていた。

史跡案内で同行した安冨祖流の師範・照喜名朝一さんと恩納村を回ったとき、谷茶前の浜を訪れると谷茶前節の歌碑が建っていた。浜に押し寄せてきた小魚スルルグァー（きびなご）を男たちが獲り、女たちがザルに乗せて売りさばく歌であるが、照喜名さんは歌のハヤシを「ナンチャムシャムシャ」と歌ったら、観衆から「ナンチャマシマシ・リーアングァそいそい」ではないのかとの意見があったりして賑わった。それから照喜名さんも

「ナンチャマシマシ」と歌うことになった。

この歌は1726年、首里王府の奉行がヤンバル（国頭）巡視のおり、尚敬王が万座野《マンザモー》に立ち寄り、そのときの慰労で踊ったと伝えられているから「ナンチャマシマシ」かも知れない。

歌碑巡りの帰り際に、貸し切りバスの中で照喜名さんは「今風節」を弾いてみせた。この曲は安冨祖流の祖・金武良仁師の持ち芸で、戦前の丸福レコードに収まっている。《語りたや語りたや・月の山の端にかかるまでも》。大昔節のなかでも一種独特の持ち味を含む歌である。照喜名さんは「私たちは琉球の祖先が歌いも残してくれた、数々の三線音楽を、いつまでも語り、歌い継ぐ雰囲気を大切にしたいと思う。私は国から『人間国宝』という、途轍もない名誉をいただいて恐縮している」とも言っていた。

もうひとつの野村流は、1867年に尚泰王の指示で野村安趙《あんちょう》らによって編纂された工工四を基にした宮中芸能である。それから一般に親しまれるようになった。いま使っているこの工工四は演奏技法を譜面化、記号化したものであるが、最初は発声法について記されていなかった。それに対して戦争前、世禮國男が、伊差川世瑞の指導によって声楽譜をつけたので、一般的に弾きやすくなり、それで、何十人揃っても乱れることなく演奏できるようになった。「三線音楽をしっかり勉強するとすぐれた三線芸術家になれる」と、戦後は平良盛勇《たいらせいゆう》師範が弟子たちに教えていた。「熱心に稽古を続けることは、すばらしい技を身につける入り口。三線に興味のある方は、ぜひ長らく学んでいただきたい」とも言っていた。

三線弾きは日々の生活を音楽的にすること。音楽史・工工四をよく読むこと。いつも自分よりすぐれた人を友とし、教師とすること。まだ聴いたことのない曲を、でたらめに批判してはいけない。一度聴いただけで、すぐにその曲の善し悪しを言ってはいけない。それが平良門下の教えという。単に流行を追うのではなく、その音楽の本質を見極め、自己の心に訴えて、学ぶべきは学び、しっかりと受け止めるべきだとの教えであった。専門の音楽家の批評をよく聞くこと。いつも師匠の前にいるような気持ちで演奏すること。それぐらいの謙虚さがあってこそ真の音楽家であるということである。

音楽を聴く耳を訓練すること。そのためには耳に入るすべての音響、たとえば鳥の囀り、車の響きさえ音楽的に聴くこと。難しいことであるが、楽器の伴奏がなくても完全に歌えるように練習することだと平良さんは言う。名人の演奏は、ちょうど子どもたちが調子を合わせて歩いているように、ほとんど一定の拍子がなくても人の心を打つものであるとの教えであった。厳しいようであるが、初心者こそ心すべきことではないかと思った。音楽家は真似るのではなく、教師の教えを受けて自らの心で三線を、あるいは琴を弾いて自分を磨くことという。平良さんのご夫人は琉球琴の師匠である。琴も三線も「必ず、自ら正確な拍子をとって演奏しなさい」と教えていた。たしかに難しいことであるが、だからこそ舞台で何十人揃っても一糸乱れず弾けるという。「これから学ぶ人たちを含めて、そのように願っている」とも語っていた。

野村流の曲と歌意・随想

野村流工工四上巻36曲・下巻55曲の全曲歌の持つ意と随想

野村流古典音楽保存会による上巻36曲

本調子で、独唱だけでなく、にぎやかな斉唱も数多く弾かれている

かぎやで風節　恩納節　中城はんた前節　こてい節　謝敷節　早作田節　平敷節　白瀬走川節　くにや節　辺野喜節　大兼久節　金武節　仲村渠節　出砂節　瓦屋節　仲順節　仲間節　つなぎ節　本散山節　坂本節　ごえん節　ちるれん節　本部長節　本嘉手久節　揚作田節　石ん根ぬ道節　本田名節　港原節　大田名節　伊江節　あがさ節　踊くわでさ節　赤さくわでさ節　花風節　本花風節　真福地のはいちょう節

以上、野村流古典音楽保存会による下巻55曲がある。

下巻は二揚曲から本調子、民謡曲に近い曲、踊りに使われた舞踊曲などが含まれている。

干瀬節　子持節　散山節　仲風節　述懐節　よしゃいなう節　立雲節　白鳥節　百名節　古見之浦節　七尺節　揚七尺節　屋慶名節　伊豆味節　さあさあ節　浮島節　前之浜節　坂原口説　与那原節　遊子持節　荻堂口説　東江節　仲泊節　夜雨節　たのむぞ節　浜千鳥節　しゃうんがない節　たをがね節　はいよやえ節　仲風節（下げ出し）　述懐節（下げ出し）　むんじゅる節　揚芋の葉節　蝶小節　東里節　大浦節　池武当節　打豆節　はやりぐわいな節　本大浦節　与那節　安波節　久米はんた前節　宇地泊節　津堅節　綾蝶節　伊集之木節　石之屛風節　しほらい節　じつさう節　ずず節　しおらあ節　勝連節　松本節　仲風節

奥間鍛冶屋の恩返し

かぎやで風節

今日の誇らしゃや
何をにぎゃな譬てる
莟で居る花の
露行逢たごと

歌意

今日の喜びは何にたとえようか。しぼんでいる花が、夜露を受けて朝、きれいに開いたではないか。亜熱帯の沖縄は自然に恵まれて、いろいろの花が咲く。それは平和を象徴する花であり、祝い事だけでなく、嬉しい時も沖縄の人は「かぎやで風節」を歌いたくなる。そして踊りたくなる。踊りましょう、みんな共に踊るうれしさ。春の露は清々しい。南国の草花は夜露に触れるときれいに花開く。国歌「君が代」とは異なり、君が世の住民の喜びを歌っている。しかも自然の風物を詠んで、喜びをわかちあうように一拍子八分一厘脈でゆっくり弾く。

随想

本歌の始まりは《あた果報のつきやす・夢やちゃうん見だぬ・かぎやで風ぬつくり・べたとつきさ》であった。「このような果報が来るとはユメにも思わなかった。鍛冶の仕事をしている身の上にとって、こんな名誉なことはない」と歌っている。

歌の由来はいろいろあり、そのひとつが「奥間鍛冶屋説話」であろう。第二尚氏初代の尚円が不遇の時代、沖縄鍛冶屋の祖として知られるヤンバル奥間に鍛冶屋がいて、伊是名島で虐げられた不運の内間御殿（後の尚円）をかくまったことがあったという。後に内間が第一尚氏を打ち破って１４６９年「尚円王」になったとき、鍛冶屋の正胤がその喜びを詠み、節名も「鍛冶やで風」と付けたとの説話がある。

しかし、そのような説話があっても自分の見る目の高さが異なってくるときもあるだろう。同じ曲でも歌詞が違うからである。例えば同じ「かぎやで風」で《鍛冶屋のつくいべたるちちゅさ》でなく《新玉ぬ年に炭と昆布飾て　こころから姿若くなゆさ》で歌うと、鍛冶屋の印象が消える。曲は同じでも印象が違うのである。沖縄の歌には、それが多い。

禁止令への疑問あり

恩納節

恩納松したに
禁止ぬ碑ぬたちゅし
恋忍ぶまでぃぬ
禁止やないさめ

歌意

古典音楽を学ぶとき、三線のはじめはほとんどこの曲から始まる。本調子で弾きやすい。意味は「恩納ムラのはずれ、大きい松のある丘に『禁止』の碑が建っているって。まさか恋をしてはいけないとの、若い人の恋ごころもダメということではないでしょうね」である。その時代と歴史的意味を考えながら男女関係を弾くのもおもしろい。恩納節は、およそ百三十九拍子・一拍子八分一厘脈、二分二秒ほどで三線を弾く、古典では弾きやすい曲といわれる。歌は恩納ナベの作と伝わる。恩納の杜に大きな松の木があって、島袋光裕師の書による碑が建っている。

恋は「秘密」で、なるべく他人に知られないようにした。その碑の許で若い彼と彼女は日が暮れるのも忘れ、固く抱き合った。ナベは自らの恋心を思い、思わずこの歌を口ずさんだのである。

随想

恩納と言えば、沖縄本島の中央部、南北に細長いムラであるが、全島でもとくに目立つリゾート地であり、東シナ海に沿って走る国道58号線沿いには多くの大型リゾートホテルが立ち並ぶ町である。アメリカのクリントン大統領やロシアのプーチン大統領など世界の首脳が、2000年の九州・沖縄サミットの際には恩納のホテルに滞在したことからも、恩納の素晴らしさがわかる。そういえば景色のよい万座浜があるし、ムーンビーチ、琉球ムラも観光客の目を引き付ける。

《あちゃからぬあさて・里が番上い・滝ならす雨ぬ・降らなちゃすが》

その昔、首里王府の絶対指示によって好きな彼氏が遠いヤンバルの番所（役所の支所）へ勤務することになった。もし滝にごうごうと響く大雨になったら勤務の日を延ばすのだろうか。そうしたら彼氏とのデートが延びるのに……そのような意味が込められた愛情歌である。

恩納の海はサンゴ礁もきれい。恩納村漁業協同組合によって1989年からサンゴの移植活動が、1998年から養殖・植え付けがおこなわれ、恩納村コープサンゴの森連絡会やチーム美らサンゴなど、サンゴの保全再生活動が盛んになって、サンゴ礁は漁業や観光業の重要な資源のひとつになっている。恩納村では自然環境にやさしい地域づくりを目指し、2018年7月21日に「サンゴの村」を宣言した。

もう一つは、山田にある「琉球ムラ」であろう。沖縄の文化、自然などをとりあげたテーマパークで、1982年にオープンした。面積は9万5000平方メートル、多くの古民家が移築されており、やや昔の伝統的な沖縄のムラ里が再建され、観光客を惹き付ける「新おきなわ観光名所100選」に選定された観光名所となっている。

遊び求める恋ごころ

中城はんた前節

飛び立ちゅる蝶
先ずよ待て連りら
花ぬもと我身や
知らぬあもの

歌意

飛んでくる蝶を見ての歌心で、「青い葉に美しく赤く咲いている花から飛び立つように飛んでいく蝶《ハベル》よ、ちょっと待ってよ待って。彼の居る花の許へ私もついていきたい。なぜ花が咲いているのか、わけも知らないのよ、彼の居場所を教えてちょうだいね蝶さん」という。なんともロマンチックな歌である。本人（女性）は彼の住まいを知らないという。

どこかの野原遊び（モーアシビ）で知り合ったのだろうか。彼に住まいを言わなかったのか。知らないと言うが、一拍子八分一厘脈の歌がむしろ「愛」を感じて楽しませる。

静かなムラ里の庭先で、何気なく見た花畑はきれい。そこに蝶が飛んできた。「蝶よ、お出で、彼のお住まい、わたし知らない。あなた知っているでしょう。連れて行ってちょうだい」と頼んだのに、蝶は言った、「あなた、自分で探しに行きなさい」。

随想

中城ムラには17世紀、中城間切番所が置かれていた。１９４５年に沖縄戦が終わると、アメリカ軍施設によって南と北に分断され、行政運営もむずかしくなった。しかし２０００年12月には中城グスクが琉球王国時代のグスク、および関連遺産群として世界遺産に登録され、４年後に中城と北中城の合併協議会を持ったりしたがうまく行かず、２００５年2月に協議会が解散したいきさつがある。

中城のグスクは、王府時代の貿易港であった集落の屋宜から2キロしか離れておらず、標高１６０メートルの丘の上にあるムラは、中城湾を見下ろして雄大である。北西から南側に伸びていく丘陵の東側の崖縁を天然の要塞とし、グスクの中で最も遺構がよく残っていることでも知られている。中城湾は天然の良港で、ヤンバルの黒船が沖に浮かんで見えた戦前の平和な時代を忘れることはない。あのころヤンバル船が入ると、東側の子どもたちがサバニ（小舟）に乗り込んで船乗りのおじさんたちとの語り合いもあったと言う。

松の葉如く青々と

こてい節

とうちわ（常磐）なる松の
変わること無さみ
いつも春くりば
色どまさる

歌意

琉球松の木は年中青々と葉を茂らせている。でも人の心は松の葉と異なって変わりやすい。歌は「いつも春の季節ともなれば　緑色が映えてくる松の木」との意味である。他の女性に目がくらんだ彼に、彼女は「お願い。松の葉のように」と訴えたが彼には届かなかったらしい。彼は他の女性に心を奪われた。「いつも春が来れば色がまさる」松のようにはいかなかった。

春夏秋冬、いつの日も琉球松の青々とみのる素晴らしさ。人の気持ちは変わりやすいというけれど、愛するあなたのこころは松の葉のように変わらないでね。春ごとに色が勝るようにもえるのよ。春になれば愛はますます色を増してくるさ。あなたが弾く歌三線は、左指の押さえが美しい。下に指を下ろすところ、調子の取り方が難しい。だからこそ歌にせよ踊りにせよ、沖縄の催しはこの曲に乗るかも知れない。

随想

琉球松は奄美大島から沖縄本島、宮古島、八重山、与那国島に自生する常緑針葉樹である。亜熱帯植物と言ってもよい。この松は根が太く枝は短く生い茂り、むかしは豚小屋造りに使ったり、伐り取って薪にしたりした。松林は個人地が多く、とくに南部では所有主が青松を大切に育てた。茂りの多い北部の琉球松は船に積み込み、那覇地区あたりで売りさばきもした。そのヤンバル船は、よく佐敷場天港に寄港した。場天にこんな歌があった。

《やんばらーが入っちょんどー・あかしんたむのー買んそーらに・はるかい行ちゅくとうまっちょーけー》

「ヤンバル船がたくさんの薪を積んできたよ！　中が赤く見えるほどに染まった老松ですよ！　買いませんかー」と呼び掛けたのに百姓たちは忙しい。「いま芋の皮を剝いているので待っていてちょうだい」と声掛けしたという。勇気のある子どもたちはサバニに乗ってヤンバル船を訪ね、美味しいヤンバル芋を戴いて自慢げに皮を剝いて食べていた。先ほどの中城ムラでもふれたように、ヤンバル人の気の良さが伝わってくるようである。マキの購入を促す意味があったかも知れない。

そのようなことを考えながらも、何十年の月日を経た日に、まるでスローモーションで再生されているように、むかしの生活がよみがえることもあった。わずかな変化も、なぜかはっきり浮かぶ。時代は過ぎた。老人部屋のガラス窓から見える山向こうの岳が朝日にかがやいて青く茂っているのは、夏も冬も緑に見えるので、きっとあれは琉球松の大きな林であろう。晴れた日には、特に鮮明である。

静かなる乙女の笑い歌

謝敷節

謝敷いた干瀬に
打ちゃりひく波ぬ
謝敷みやらべの
目笑いはぐき

歌意

那覇、首里からすれば遠い遠いヤンバル謝敷《じゃしき》の集落は、傾斜の急な山地と海岸沿いにあるシマ（集落）。その静かなムラに打ち寄せる波の音が、まるで土地の乙女たちの笑い声に聞こえてユメがユメを誘う。この歌は調子取りに気を付けて三線を弾くと気分が乗ってくる。指の左押さえが弾くリズムを高めていく感じをもたらす。

謝敷の浜辺は静かで、打ち寄せる波の音、それはまるで乙女の笑顔である。目笑いの歯並みにも似ているよ。騒然とした那覇の街を離れて、静かな国頭《くにがみ》東部を歩きまわるのもよろしい。謝敷集落の女性は素朴で可愛い。目をみつめてにっこり。可愛くて抱きしめたくなっても我慢する。宿に戻る、ムラびとが三線を手に「謝敷節」を歌う姿も見られた。

随想

琉歌の数々を集めた『標音評釈　琉歌全集』（武蔵野書院）には3000種の琉歌が収まっているが、そこにも「謝敷節」が出ている。この書には恋歌のほか自然や季節の情景を詠んだ歌が収められており、その中から第二尚氏14代の尚穆《しょうぼく》王が詠んだ歌まで出ている。

謝敷の集落は昔も今もあまり変わらず、茅葺きが少し瓦葺きに変わっていたぐらいである。傾斜の急な山地と海岸沿いを走る国道58号の間に位置してるので、国道から見ても海べりが横に長く広がっている天然ビーチがわかりやすい。

シマに下りてみると、たくさんの拝所があったし、海辺から少し離れたところにある「謝敷節」の碑が目立つ。「謝敷の海の板干瀬に打ち寄せては消えゆく波は謝敷の乙女が笑うときに見える歯並のようだ」と歌にある。拝所は公民館近くにも建っており、モーグチ、クァンシングムイ、ミートウガーなど、シマの老人の話によると20か所あまりも拝所があるという。何か王府時代のムラ里のようでもあり、打ち寄せる白波がシマにふさわしくきれいであった。

春の草花、鳥の声

早作田節

春や花ざかり
深山うぐいすの
匂忍でいふきる
声のしほらしや

歌意

常夏の沖縄の草花は年中咲いているが、とくに春は花ざかりである。そこへウグイスが飛んできた。いい匂いがしたのだろうか、声がきれいに響くのである。やはり沖縄にも春があった。深い山並みでウグイスが草花の匂いをしのぶように鳴いていた。「ホウホケキョウ」、花盛りの春になると深山のムラ里にウグイスが飛んでくる。匂いがあるのだろうか、その鳴き声のしおらしいこと。若い男女が屋根裏に止まって鳴いているウグイスの鳴き声に聞き入っていた。

舞踊「作田節」のチラシでも踊るが、南国沖縄の3、4月は野山に茂る草木だけでなく、庭木の枝々にもきれいな花が咲き誇っている。

随想

ウグイスは鳴かなくても隣り人が暑苦しい着物のままの老人と、早くも夏姿に着替えている老人がいた。部屋の中は暑くもなく寒くもないから、どちらでもよいが、季節感はあまり感じないらしい。「もう春、すぐ暑い夏がやってくるが、暑さ寒さを感じませんか」と介護される老人が聞くと、半袖すがたの介護担当者が言う。「それも歳のせいですよ。歳をとると、暑さ寒さの感覚も鈍ります」。助言か指示かわからないが、言われてみると確かにそうである。

「沖縄の季節は夏と春秋しかない」と、ヤマトの人たちは言う。特に「春は花ざかり、秋は紅葉」というほどもないからそう思うのだろう。しかし沖縄にはそれがない。しかも南の沖縄に、あられは降っても雪が降ったことはない。

しかし、どうしたのか「早作田節」に「雪」の曲がある。《銀（なんじゃ）臼なかへ・黄金軸たてぃてぃ・試しすりましゅる・雪のま米》きれいな臼に黄金のようなアジン（搗き棒）を押して何度も突き当てると、しばらくすれば籾から白米へ変わっていく。昔は手造りの大きな木造臼があった。田畑できれいに育った稲穂を刈り取ってさばき、その籾を臼につぎ込み、力持ちの若者が搗き棒を持ちあげ、搗き下ろしてアラと真米に仕分ける。真米は、まるで雪のように白く輝き、ハガマ（飯炊き釜）で炊き上げるご飯のおいしかったこと、農家にとっての幸せがこみ上げてくる季節である。

あの頃は農家といえども、ほとんどの食事はイモと小魚（カラスグァー）であった。白いコメは仏壇にお供えする以外、売りに出したり金持ちへの見返りにも使った。「雪の真米」とは、おそらくヤマト人などから聞いた感想ではないのか。

「このお米、まるで雪のように真っ白、おいしそうだよ」

「はい、それではお手元の品々と交換」

などと言いながら、お米は金銭がわりにもなった。米を売り上げればこんなにうれしいことはない。

この「早作田節」は舞踊曲で、もともと女踊りである。基本立ちして静かに踊り、そこでクバ扇片手に歌が生まれるのである。

流れに清き童子たちの泳ぎ

平敷節

源河走川や
うしほかゆか水か
源河みやらびたが
うすでどころ

歌意

海には少し遠いのに源河の流れはゆるく、水も澄み切っていて潮か淡水か、流れがきれい。水が澄んでいるので子どもたちが水遊びをするところになっている。川端にいる子どもたちに「オーイ」と声をかけたら、泳いでいる子どもたちが「ハーイ」と手を挙げた。何とも源河らしい雰囲気が醸し出されてすがすがしくなった。

名護市の源河川は遊び場にもなっている。「源河は詩情を誘う感じがする」「土地を思いながらの弾き方もおもしろい」と、三線弾きが言っていた。

北の源河へ行く道のりはわかりやすい。流れがゆるいせいか、やはり源河の子どもたちが楽しく遊んでいた。行く道は、沖縄自動車道の許田からひたすら北の方へ向かい、小道を2回ほど右に行くと少しの広場があり、山手に川の流れが見えてくる。許田からの通り道になっていて右か左か迷うが、古宇利島への入り口「真喜屋交差点」を通過して3キロほど先に「源河」と書かれた看板があった。車の通りは多いのに、どうしたのか、ここに信号機がなく、上の名護行き道路の下道を行く感じであった。

随想

夏が長い沖縄の子どもたちの水遊びといえばビーチのイメージをもっておられる方も多いだろうが、三線に合わせての川遊びができる。海に囲まれた沖縄でも海水でベタベタするのが嫌な人もいる。それより川泳ぎ、山のぼりが好きな人もいる。珍しく大宜味村にはター滝の川遊びのほかに、もうひとつの川遊びがあった。曲名が「平敷節」となっているのは、川の流れの土地名「平敷」によっての名称であろう。

《秋やいるいるの・菊ぬ花ざかり・錦にうちまじり・咲きゃるきよらしゃ》

秋は赤黄といろいろの菊の花が咲く。菊は日本の皇室を象徴する花のひとつでもあるが、この花は奈良時代に中国から渡ってきたとの説がある。古くから菊は日本人の生活に浸透した。花言葉は「高貴」「高尚」「高潔」という。

花びらすくって思里の胸へ

白瀬走川節

白瀬走川に
流りゆるさくら
すくていうみ里に
ぬきやいはけら

歌意

久米島白瀬の川幅は広くなく流れは速い。奥に行くにしたがって草木が川の両方をおおうように茂っていた。桜ではないがどこか花のにおいがして、いかにも島らしい感じがする。川の流れに花びらが浮いていた。すくい上げてわが思里にあげ、糸を通してとったりはけたりするのも楽しい語らいのタネになるのではないかな。美しい花よ、わが愛する彼の襟元にでも貼り付けたくなるのよ。

白瀬走川のすぐ側の広場で三線を持ち、左指で3弦、2弦、1弦とはじくごとに島の情緒が湧いてくる。

随想

久米島を流れる白瀬の川沿いを歩くときれいな花木を見る。「あれはサクラだろうか、それともサクラに似た花か。川の流れから花びらをすくい上げ、彼の胸にはかせたいものよ」という「白瀬走川節」の三線には工工四があり、声楽譜もついているが、必ずしも正確さを求めるのでなく、川の流れのように指が動くままに任せている。強いて言えば自分の心が自分をつくると思って三線を弾くようにしている。

「今日は、昨日よりすこし上手になっているようだ」などと思いつつ弾きこなすのがこの「白瀬走川節」である。「島に桜は咲かない。特有の白つつじや赤つつじのことではないか」「昔は山桜がいっぱい咲いていた」などと聞いたが、むしろ久米島の女性は好きな男性の首に花をかけるほど情に深いそうで、もう一曲あった。

《赤ちゅぬちはなや・里にうちはけて・白ちゅぬき花や・よぇれわらび》

赤い糸で貫き集めた花は、わが彼の胸にかけよう。白い花は子どもたちにあげよう。島の音楽家によると、愛情を示す琉歌、心のふれあいを求める歌は、島の隅々に残されているそうである。それらを集めながら島の歴史や文化、伝え話、風物などと結びつけていくだけでも、久米島という島は豊かな情感をあたえてくれるような気がする。

自分も島を何度か訪れ、島の方たちと接しているうちに、久米島のとりこになってしまった。『久米島の旅情』という本も出した。見るほどに深さを増す遺跡や海に囲まれた自然の美しさと黒い岩山を目印に、琉球が中国と交易していた古い時代の生活と人間愛を味わえる島である。

《竹の葉の露やあがりてだ待ゆい・我身や誰待ちゅが里ど待ちゅる》

これは「比屋定竹の葉節」である。「竹の葉に溜まっている朝露が、東の方から上ってくる太陽の光を待っている。その光を当てることによって、いっそう輝きを増すであろう」と女性らしく優しい心を示して、さらに「私はだれを待つのでしょうか、私に輝きを与える人は、朝露と同じように、いとしい彼以外にはいないのです」と思い極めるのである。

それを部屋で歌い上げて、友人たちの顔を見ると、みんな笑っていた。久米島乙女の心を笑ったのか、へたくその歌と三線を笑ったのか、わからなかった。

名作いかが愛の華うた

くにや節

くにやのほそなべが
などはだかなちゅて
脇文子おわいべと
ちゃそひそはまひ

歌意

奄美大島古仁屋の浜は、かつて日本海軍の基地として賑わいをみせていたが、現在は避難港に指定され、多くの船舶が避難や休憩に寄港している。前面の海域は漁港として指定を受けており、漁船の出入りも見られる。その浜辺で、細身のナベが裸になって浴びていた。島の人たちは、夏になると泳いだり浜辺で遊んだりする人が多い。この歌はむかし、首里役人の脇文子が島の女と遊ぶさまを歌ったもので、多少皮肉を込めての三線曲である。

歌はすべて素朴で単純で、昔をしのぶ歌である。「くにゃぬふすナビが・などうわたか・なちゅてぃ・わちてぃくぐヨー・うエーびとうヨウ・ちゃすいすわめサユヨンナー」と歌う。「古仁屋のナベ女がはだかになって脇もみえるさ。着物を早くうちあわせてよ」という意味である。そこは瀬戸内の大きなムラで、沖縄通い舟の港であり、当時は静かな並木が茂って派遣役人のわびしさを優しく包んでくれたのであろう。

随想

「三線は少し弾きにくいが意味はわかる」「歴史を考えながら弾くのもよい」と島の人たちは言う。脇文子は首里役人であるから、妻子を置いての単身の勤めである。それで土地の女子と遊ぶことも珍しくなかった。島の人たちが、脇文子の女遊びを見ていても、脇文子は権力者であるから文句は言わなかった。したがって細ナベも体をあずけるようにして遊んでいた。

奄美の話にも思い出がある。「クルランドー」の民謡があり、転んではいけないと島々をまわるとき竹杖をもっていった。「用心深く」と思ったからである。ところがそうではなく「空が黒く曇っている」ことであった。思い違いであった。なるほどこれは「ハーレイなれよ、なれナスビ」（ナスの実よ、大きくなれ）の歌であった。

「ナベさん、そのしなやかな体つきが好きだよ。茄子のように強く抱きしめたい」と首里派遣のテグク（文子）が島の女性に言い寄る。そのひとりにナベという女性がいた。細帯がゆるみ、体ごともたれかかるナベはまだ17歳。40歳の脇文子の手は強かったがナベはそれをこらえて、身動きもせずにいた。歳は離れていても二人の仲は濃ゆくなるばかりであった。

《脇文子おわいべが・はさみきりなんじゃ・もろなんじゃやたぼうれ・ちゃそひそはまひ》

脇役人がはさみで髪でも切るように女性たちを斬っているよ、の意味。

むかしから人を傷つける類のものはよくないといわれた。ヤマトの例を引くと、藤原道綱の母が書いた「蜻蛉日記」から始まって紫式部の「源氏物語」、あるいは清少納言の「枕草子」の物語ではないだろうか。そのほか、和泉式部や小式部内侍の作品もあったと思うが、女性特有のゆたかな情操・繊細な感受性を生かした主観的、抒情的な作品が多かった感じがする。それらの作品は肉体的な極言というより、抒情的表現が多いので、むしろ肉体関係を感じるのは憶測であろうか。いずれも女性たちの、個性豊かなひらがな文学として、中学時代は読みふけったものである。

もう少し内容にふれると「源氏物語」は、王朝の世に帝の子として生まれた光源氏、その男は才能と体力に恵まれ、多くの女性たちと多彩な恋愛に情熱を燃やす。しかし彼の心には、父の帝の後妻・藤壺の宮への、許されぬ思慕が秘められていた。その情熱は、誰に打ち明けることもできず、苦悩を重ねる。肉体的具体表現は押し隠していても、恋は異なもの味なもの、男と女の思いが如実に表現されている名作と言われる所以である。

いっぽうの「枕草子」は文の調子がいい。意味は忘れても文章の書き出しは覚えている。「春はあけぼの、やうやう白くなりゆく山際、少し明かりて、紫だちたる雲の細くたなびきたる」。この表現は自然の美しさを面白く感じさせる。今の女性なら「春はほのぼの、曇り空から太陽がのぞく。いきなり砲弾の音、白い雲が紫いろに変わって人々は驚いた」となるかも知れない。しかし、これでは文学にならないだろう。

若く美しくありたい

辺野喜節

伊集の木ぬ花や
あん清らしゃ咲ちゅい
わ身ん伊集やとて
真白咲かな

歌意

「伊集の木に細く白く咲いている花の美しさ。でも私は歳をとりすぎた。老人のユメではあろうが、もう一度あの花のようにきれいに、そして魅力的に咲きたいものよ」。それは年増女性のため息である。夫はいつの間にか他の若い女性に身をやつし、家へもなかなか帰ってこない。ひとりしょんぼり、庭を見たら伊集の木にきれいな白花が咲いているではないか。私もあの花のように白く美しく咲きたいものよ。でも、あの花だってやがては散ってしまうはず。悔しくってもそれが人生さ。

若者はともあれ、中年ともなれば若者のような希望が叶えられるはずはない。内に秘めた女性の心情は複雑で深すぎる感じがする。清らかな、愛嬌のある伊集の木の花、わが老いたる身をヤンバルの木立にたとえたところにも魅力を感じる。辺野喜にはその歌の碑も建っている。三線は難しい曲ではないので、斉唱でも独唱でもよい。習いやすい曲だからこそ工工四に違わず弾く必要がある。

随想

むかし話がある。辺野喜ムラに仲の良い夫婦がいた。ところが年月を経て、男は別の年若く肌もちのよい女性に惚れてしまい、家を空ける日が多くなった。昼どころか夜になってもなかなか帰ってこない。親しくしている老齢の友人に、彼女は泣く泣く自分の悩みを打ち明けた。「情けない。わたし、いつ死んでもいいと思います」と心の悩みを訴えた。ところが親しい友はそれを否定した。「そういうことで、自分が楽になると思いますか。それよりも、自分でやりたいことを考えて、その仕事に打ち込むこと。機織りでもつむぎでもよい。むしろ、彼を追い出してもいいですよ。彼のことを考えずに、やりたいことを見つけて精だせば楽になります」。それを聞いて「夫は夫、私は私」と、遅く帰っても文句をいわず、家にいてもものもいわずに機織りばかり。彼にとっては気味悪くなったのか、あの若い女性と縁を切って家に居つき、畑仕事に励んだという。

現代女性からすれば「別れる」とか「裁判を起こす」とか、あるいは「自分も男をつくって抵抗」となるであろうが、昔気質の人は直撃せずに迂回する。べつに特別な話をしているわけではない。あとは夫婦とも、あるいはどちらが先に逝っても、夫か妻かどちらが人間の幸せなのかは、誰にもわからない。

もうひとつ、同節別意味の辺野喜節の歌がある。

《波ぬ声もとまれ・風ぬ声もとまれ・しゅい（首里）天加那志・美御機おがま》

首里王家の聞得大君（チフジンガナシ）が万座野《マンザモー》を訪問されることになった。「高い波のしぶきも風の音も静かになれよ。みんなしてご機嫌をうかがいましょう」との意味である。無敵清純、女も威厳をもてということであろう。

砂浜賛美ムラ創り

大兼久節

名護の大兼久
馬はらちいしやうしや
舟はらちいしやうしや
我うらどまり

歌意

首里から遠い名護の大兼久《おおかねく》まで、早馬に乗っていくと早いものさ。泊港からサバニ（小舟）に乗って櫂を漕ぎつつ行っても早いよ。私たちの領域の名護湾裏に舟を泊めれば静かな街並みが見えたよ。

昔は名護市街の大中、大北、大東、大西、大南の5区を大兼久と呼んでいた。そこに好きな人がいて「浦泊まで首里から馬を走らせていこうか、それとも舟でいったほういいのか」

これは名護の豊かな資源、催事の賑わい、美しい弧を描くように広がる名護湾の景観を歌った郷土賛歌である。三線の調子をうまくとること。左指の運びが音程を決めるポイントになることを念頭に置くと三線音階がきれいになる。

随想

大兼久節は名護の景観を賛美している。いまは名前だけになってしまったが、昔は名護の街並みに入る一帯を大兼久ムラと呼んで名所になっていた。兼久の語源は、辞書によると「砂地」を指すという。その名は中部、あるいは南部佐敷にも字名として残っている。港から寄せてくる砂が堆積してムラ周辺に積もり、そこにできた集落を「兼久」というらしい。

名護の豊かな資源と、ヤンバル特有の静かな賑わい、そして豊かな山林と、きれいな弧をなしている湾港の景観を歌い上げたのが「大兼久節」である。むかし、大兼久村では運びの良い名護湾の砂を利用して「大兼久馬場」と呼ばれる琉球競馬場を開設し、競走ではなく「馬の歩き方」の競技大会を催した。また、旧暦4月になると、豊作を祈願する「畦払い」の年中行事もおこなわれ、馬に乗った祭司ノロが各地を遥拝して回ったあと、余興として「馬勝負」があったとも伝わっている。大兼久馬場跡の東側には樹齢300年から500年のヒンプンガジュマルの大木が、時を経て現在も街を護っている。大兼久馬場の跡地もちゃんと残されている。

《馬よひきかえせ・しばし行きみぶしゃ・音に聞く名護の許田ぬ手水》

色気たっぷりの娘が、訪れた首里男にニーブ（ひしゃく）で水を差し上げ、飲むと今度は手でくみ、それを「どうぞお飲みくださいませ」と言ったので、男は飲みあげ、そこから恋が芽生えたとの逸話である。それが南部知念の組踊「手水の縁」にも引用されていて、娘の求愛の逸話として広く知られるようになった。

《名護ぬ番所《ばんどころ》・ただいまぬ葉がち・わぬもたちたぼれ・わむかしみやがな》

番所とは身分確認のための首里役所の出張所で、王府時代は各地において治安の維持に努めた。こんな話がある。名護近くの喜名番所の出張役人の妻は首里にいた。会いたくても遠くて会えない。仕方なく「だんご」を包んで役人に持たせたという。心はわかるが、品物が届いたかどうかは知らない。ともあれ、もう一つ「大兼久節」の歌詞があった。

《だんじゅとよまれる・名護の番所（番どころ）・松とガジュマルの・もたえさかえ》

やはり、ガジュマルと名護グスクの松は名木であった。「もたえさかえ」（きれいに茂っている）それと番所が語り継がれるのは、当時の政治のあり方を示しているようで、時代を感じる。

わが道行きの名物

金武節

こばや金武くばに
竹や安富祖だけ
屋根や瀬良垣に
張りは恩納

歌意

沖縄は小さい島であるが、地域にはそれぞれの特産がある。「クバは金武で、竹は安富祖でとり、その竹を削り、瀬良垣のきれいな茅を刈り取って屋根をふき、そして張り縄は稲が豊かな恩納に求めよう」との歌で、それぞれの特産で家をつくれば、それは素晴らしい茅葺きの建物になるだろう。

金武は太平洋につながる金武湾に面して風光明媚なところである。地下水が豊富で、金武大川や慶武田川などの横井戸があり、クバの木も青々と茂っている。恩納の安富祖は青と緑が織りなす活気あふれるムラで、稲作が盛んなところである。竹林も昔より少なくなっているもののまだ残っている。瀬良垣は海域に色とりどりの熱帯魚も生きている。山手の茅が、むかしはきれいに生えていた。恩納は、子ども連れも多いほど遊びの見どころがある。

金武節の三線曲は弾きやすく、地域の感じも出しやすい。この曲も右手の弾きどころが大切であろう。

随想

金武節は道行きの歌である。季節と土地の印象を歌い上げていて、ともに歩きたくなる。その歌を想像すれば、春から夏にかけて天気の良い日が続いていたことになる。クバの葉が青々と茂り夏の扇が作れそう。ムラで刈り取った大きなクバの葉をもって安富祖に向かった。そこで茂った竹林の、まっすぐに伸びた竹を切り、瀬良垣の茅屋根葺きをして恩納の縄で引き締めよう。そんなことを考えながら、歌の主・三線弾きのウミタルー（思太郎）はシマ巡りをした。

半分遊びのようなものであるが、ごく近い地域でありコトバのアクセントが地域で異なる。金武のコトバは柔らかく抑揚があり、安富祖は上げ下げがあまりなく優しく、瀬良垣は明るく透き通るように感じた。恩納はもちろんヤンバル特色の音色である。手ぶり足ふみも特色があるように感じたのは思い過ごしかもしれないが、それぞれにシマの個性があって、シマコトバは異なることを、思太郎さんは知った。

《こばぬ葉どやすが・もてなしぬよたしゃ・暑さすだましゅる・玉ぬうちわ》

クバの葉で作った簡単な団扇ではあるが、愛情がこもった扇なので玉のように涼しく感じるとの、微妙な愛の風団扇という。

もうひとつ、首里王府への道のりと「目出度ごと参加」を詠んだのもあった。

《照る太陽や西に・布だけになても・首里みやだいりやてど・ひちゅい（一人）のぼる》

照りまさる太陽が西にかたむき、やがて暮れようとしているが首里参りである。ああ、クバ扇片手に坂道を歩いて行こうか。辛くてもきついと弱音を吐いてはいけない。歩いて歩いて、首里ウシュガナシー（王様）おん前へ。これは王府時代を示す歌である。

北の松金、忍び入り

仲村渠節

なかんかりすばい
ましだりはさぎて
あにあらはもとまば
忍でいまうれ

歌意

昔の若者は、年ごろになると親元を離れて男も女も母屋の別室に寝るところを移した。「ね、スダレをさげて寝ているから、あなたが本当に愛してくれるなら、人目を忍んでいらっしゃいね」ということである。昔の男と女の付き合いは単純であった。伊江島仲村渠の裏戸、そのすだれを下げておくという。愛していなければ行かなくてよい。恋をしたいなら音もたてずにゆっくりと。「あなた、それを確かめたら人目につかないよう、こっそり入ってね」。それだけの話であった。

この曲の三線は本調子で長い曲だから弾き難い。気を込めて三線はゆっくり落ち着いて弾くこと。

随想

歌では「ナカンカリ」という。伊江島の仲村渠家にマカトという色気たっぷりの女性がいた。多くの男性が目をつけたのに、それを押しのけて、首里から伊是名を経て派遣された統治者の男にその娘が惚れ込み、つい仲よくなった。この二人の姿に娘の父も母もいやな気がして戸締りを厳しくしたのに、男と女の恋は激しく燃えあがる。親たちに気付かれぬよう、こっそり娘の裏座へ忍び込もうとする。「入り込むときはスダレをあけてゆっくりとお出なさいませ」。女性の指示通りに入り込んだ男は、女を抱きしめて愛をささやき、恋は長く短く夜が明けるまえに、それも親たちにはこっそり出ていった。

なかなか激しい恋の物語であるが、その厚かましい男が、沖縄本島に出て首里尚家につかえたり、裏切って内間ムラに隠れたりしながら、ついに「王位」を勝ちとったのである。

男の名を「北の松金」（ニシヌマチガニー）と呼び、第一尚氏を滅ぼした第二尚氏初代・尚円王の、若き日の物語である。

《たとひ仲嶋や・おとたえて居ても・いつす名ぬくちゅが・恋ぬ小ばし》

たとえ仲島でのうわさはなくても、北の松金は恋多き男であった。

同曲で歌うこの歌「仲村渠節」は、尚円王の激しい恋物語がひそかに伝えられたからだろうか。別名を「小橋川節《くぁしちゃ》」と言い、遊郭の那覇仲島にかけられた橋を指している。仲島は、今の泉崎周辺であろう。昔は男どもの遊び場であったから、逸話とともに知られていた。

那覇市の仲島はかつては海に浮かぶ小島で、首里王府によって遊郭が公的に設置されていた場所であるが、その後は埋め立てで陸続きになったと出ている。『標音評釈　琉歌全集』には「中島」を舞台にした13曲の琉歌もある。遊郭仲島は、「たとえ評判が悪くなっても、いつ朽ち果てるということがあろうか、恋の小橋ですよ」「ひろく知られる中島は、恋の架け橋歌の島」、この歌が示す旋律に惹かれる男たち。原歌と替え歌の関係を想像するのも三線弾きのおもしろさであろう。

沖縄の古い歌集といえば『おもろさうし』がある。１５３１年から１６２３年にかけてシマジマに残された歌を集めた、最古の歌集であるが少し難しい。「おもろ」とは「思い」の意味から来たという。神への祈りを込めて、このような掛け歌が裏にひそんでいるのも郷土史からすればおもしろい。

我が子抱きしめ頬撫でる

出砂節

出砂ぬいびや
いづみ抱きもたえる
おめぐわ抱きもたえる
とのちさとむし

歌意

ンゾーヨー（彼女）から始まるこの歌。渡名喜島のすぐお隣りの、砂山に見えるイビ（大岩）は抱くごとに大きくなる感じがする。「可愛いわが子を抱き締める殿内のお方よ、その岩のように、里主に仕えるよき人間にして下さいね。すばらしい岩である」という意味。親の身になれば「大岩のようにたくましく」願わずにおれない。あの岩には神が宿っているといわれるから、拝む人は絶えない。

三線歌もすべて百九十三拍子。一拍子八分一厘脈であるから、長くても割りに弾きやすい。最後の「うねかさむちちゅらさぬよー」（ほら、笠を持っている人のきれいなこと）が拍子をとってくれる。

随想

島の人たちは「出砂島」でなく「入砂島」と呼んでおり、砂は入ってくるという意味らしい。歌にある「殿内里主」とは、その昔の階級を示すもので、最高位は親方《ウエーカタ》、里主は一般士族の階層であったが、時代が過ぎるとムラ里の指導的立場の尊称となった。

現在は出砂島全体がアメリカ軍の演習場として使用され、爆撃演習によって4つあった拝所御嶽《うたき》はすべて焼失してしまった。地平が荒れ果てている。御嶽は森や川、島の井戸、墓石などさまざまな形だけはあって、戦後までよく拝み場所をなしていたのに、それも米軍の砲撃で崩れかけている。

しかし、隣り合わせの渡名喜島では、旧暦4月に豊年や健康祈願など、島へ向かって繁栄を祈る島直し（シマノーシ）と呼ばれている祭祀が行われている。先ほどの、4か所の御嶽の形は変わっても、人々は神が来訪した島として、古くからの習わしを持って、火をつけない線香をあげている。同曲で「春ぬ花ぐくる」の歌がある。

《笠にちりとまる・春ぬ花ぐくる・袖におみとまれ・里が御ちむ》

笠は夏の宝物であった。春の野に出た乙女の笠に花ごころの蝶が止まった。「蝶よ、私のこころ内をもって、彼の袖にも止まり、私の気持ちを伝えてちょうだいな」と女性は言付けた。

《笠や雨ふりぬ・あまがたかだより・わ身やたる頼よいが・里どたよる》

手に持つ笠は雨が降ったらかぶる。私は誰を頼るか、里前を頼る。クバ笠は軽くて持ちやすく便利なもの、日照りを隠し、雨降りには濡れないようにしてくれる。「雨が降れば笠がかばってくれるのに、私の体はどなたがかばってくれるのかね。頼るのは親でもなくきょうだいでもなく、里主である。里主さま、よろしく」。そう願わずにおれないという「出砂節」である。

シマは見えても思里は見えぬ

瓦屋節

瓦屋ちじのぼて
ま南へ向かて身りば
しま浦ど見ゆる
里や見らぬ

歌意

「いま住んでいる瓦屋の頂上にのぼって南の方を見たら、なんとわがシマは見えたのに、愛する里主の姿は見えないのよ」。ああ、もの思いのこころをどうしようもなく、ただ胸うちで泣くばかり。政治権力によって無理に引き離された夫と妻。「このこころを里主も知っていると思えば涙はとまらない」と彼女は遠いところを見つめて立っていた。

昔は「瓦屋根」の家といえば、首里士族をはじめとする特段階級であった。一般の人、とくに百姓は、カネのあるなしにかかわらず、茅葺きかススキ葺きであった。この、朝鮮の人の妻にさせられた女性の家も茅葺きであった。瓦屋根の家に嫁いだのだから、生活は裕福であったが愛する彼を忘れることはできない。その心を誰に訴えることもできず、愛する彼の住まいである真東に向かって目を押さえるだけであった。この歌の三線は、左指の勘どころをきちんとすること。調子あげがむずかしい気もするが、この曲の場合、それこそ想いを込めたところに大切さがある。

随想

その昔、沖縄の瓦焼きの技は未熟であった。「瓦屋根の縁で南側の遠くを見たら、わが家のシマは彼方にあるのに思里の姿は見えなかった」。このような歌があるのは、庶民の心を知らぬ権力の指示によるものであった。首里王府は朝鮮から陶工を招き、瓦焼きの細やかな技術を学ぶことにした。その朝鮮の人は、那覇の壺屋に居を構え、居ついているうちに琉球へ帰化することになった。沖縄人になったのである。男性はあるとき、ひょっこり容姿端麗な女性を見つけ「わが妻にしたい」と王府に話を持ち込んだ。「彼女、きれい。

わたし好き。妻にさせてくれ」

王府の役人は、小禄間切当間ムラに住むその女性を見つけ、陶工の意図として「妻にしたい」旨を女へ伝えた。ところが女性には愛する夫がいた。役人はそのむねを伝え「朝鮮の方は王府が招いた方です。お願いします」ということになった。絶対命令のようなものである。女性は泣く泣く従うことにした。別れるとき涙も拭わず夫の肩に抱き着き、夫も「王府の命に反することはできないし……」と諦めた。

十六夜《いざよい》の月が住み家となった朝鮮人の瓦屋根の上を照らしていた。男が寝静まったころをみはからい、彼女は密かに瓦屋の縁に上って月に向かい「わが夫の住む南の方向」を見上げながら独り言をもらした。「月は煌々と照っているのに、シマ裏は見えたのに、なぜか夫の彼は見えないいさ」。しかし、泣くに泣けない彼女の気持ちを陶工は知る由もなく、帰ってきた妻を抱えるばかりであった。のちのち、これは芝居にもなって広く知られるようになった。

《かせよかけつなげ・真南向かて見れば・島の裏ど見ゆる里や見らぬ》

機織りをしながらも真南を見ると、シマはみえるのに思里は見えぬ。機織りをしながらも家事をしながらも彼の里主を思っていた女の執念。同曲にこのような歌があった。

《惜しむ夜や更けて・明け雲もた立ちゅい・にやよいたいつ拝で・ももさのくゆが》
「二人して抱き合えば夜も短いものよ、もう明け雲が立って見えるよ、またいつ会えるのか、待ち遠しいものよ」。夫との思い出の歌である。

さらにまたもうひとつ、同曲の歌があった。
《おす風もけふや・こころあてさらめ・雲はれて照らす・月ぬきょらしゃ》
「涼しい風が庭先から吹いてきた。雲が晴れて月が照るように、待っていますか、ねーあなた」。情緒が隠された瓦屋節の曲にのせると、時代を示す歌の気が湧いてくる。

縁あらば糸にぬく

仲順節

別りても互に
御縁あてからや
糸に貫く花ぬ
散りて抜ちゅみ

歌意

「今は別れることがあっても、ご縁があるからには、糸で貫きとおした花のように二人が永久に離れ離れになることはありえない。ちょうど糸に貫いた花のように、散り散りになっても、縁は切れないさ」という。人の情を歌ったもので、三線も弾きやすく合わせやすい曲である。「左指の押さえをたやすくしないこと」。合わせやすくても最後のクリンディに気を付けよう」との歌の手引きがついている。
この曲はおそらく遊女と客との会話ではないだろうか。人の縁というものは不思議をともなう。「ご縁」があってみれば糸にぬく花の糸のように切れないし、縁がなければ簡単に切れてしまう。歌曲の「くりんでぃ・うみさとうよー」（これで思里よ、縁を強く持ちたい）との念願を込めた後拍子がつくのもこの歌を引き締めている。

随想

この歌は組踊「手水の縁」の一節にもなった。愛を誓った二人が再会を約束する。「父と母が、娘に縁を切るように望んでも若い二人は切れなかった」との話である。この組踊は、島尻の波平大主の子と知念山口の一人娘との物語で、作者は平敷屋朝敏。1866年に、第二尚氏尚泰王が中国冊封を受けた際に上演した。登場人物は山戸、玉津、門番、志喜屋の大屋子、山口の西掟である。中国人からも大いに受けたという。
あらましをいうと――山戸は波平《ふぁんじゃ》ムラの山へ花見に行った帰り道、喉が渇いたので波平の泉で水を飲むために立ち寄る。そこで髪洗いの玉津という女と出会い、山戸は心をひかれて「飲む水が欲しい」と言う。「どうぞ」と柄杓をわたすと「あなたの手水が」と厚かましく口を差し出した。断ったけれども言い寄る男に惹かれ、手水をあげて、とうとう激しい恋になるのがむかし話「許田の手水」である。「男女が仲よくするときに、縁結びは手水からとあるでしょう」ということになった。女は「見ず知らずのあなた、それはどうも」と言うが、山戸は「あなたの手水が頂けないなら、私はここで身投げします」とおどす。玉津は戸惑いながらも手水をあげたとの話を持ち掛けて恋仲になるという話である。

それが縁で、山戸はある夜に知念山口の玉津の家に忍び込もうとする。それ知っていた玉津が出ようとするところを門番に見つかってしまった。二人のデートどころか、当時禁じられていた密通の罪で玉津は知念浜（もしくは佐敷浜）に連れ行かれ、親の指示で不義の罪によって処刑されることになった。処刑する連れ人は玉津の父親の部下・山口の西掟と志喜屋の大屋子であった。好きになった彼と会いもしないのに、玉津は抵抗することもできず、軽く後ろ手に縄をかけられた。浜辺で山口の西掟が縄をとり、志喜屋の大屋子が刀を振り上げようとするところを、波平の山戸が駆け寄ってきて玉津の前に立ち「俺ももろとも」と手を差し伸べた。さすがにその志喜屋も山口も刀を下ろせず、親にこっそりと二人を遠いところへ逃がすことにした。玉津と山戸は手を取り合い、二人に頭を下げて西の方へ逃げた。あとで玉津の親もそれを知ったが、逃がした志喜屋と山口をとがめることもなく、玉津のことも口にしなかった——。

それが組踊「手水の縁」のあらましであるが、当時の士族階級は男女の親しい仲どころか、親たちが決めたようにしか夫婦は結ばれなかったのである。しかも二人を逃がしたこの事は舞芸になったものの「自由恋愛は邪教である」とする王府の意に沿わないとして、あとで首里城内、つまり北殿での冊封使歓待には禁止されたという。その組踊に乗せた歌曲が「仲順節」である。

《わかておもかげぬ・たたばとぎめしょれ・なれしにおひ・そでにうつちあもの》

「別れても面影はつねに立つものさ。あなたの匂いはつねに袖の下に残っています」との意味である。「別れても思いはひとつ、立別れであるが、お互いに慣れ親しんだ仲だもの。袖にその匂いが残っているの」

やはり、むかしから恋は異なもの、味なものであった。

王が自ら辛さ語る

仲間節

わが身つでみちど
よその上や知ゆる
無理するな浮世
なさけばかり

歌意

「自分の身をつねって、よその人の痛さ辛さもわかる。この浮世、無理することはない。情けが満ち溢れている」。当然のこととはいえ、尚寧王の歌かと想えば身につまされる。尚寧王は第二尚氏7代の王で、薩摩の島津侵攻、言わばトリガーとなってしまった王で、島津による武力支配のすえに薩摩へ連行され、さらに江戸へと連行を強いられた悲劇の王である。

琉球への帰国の条件が厳しく、その後、琉球が日本の属国となるよう強いられた。自らも恥じて歴代王が鎮座する首里の霊御殿に入ることを拒み、亡くなると「浦添のゆうどれ」に祀られた。沖縄の歴史のさまざまな時代背景を見ていて、なぜ薩摩侵攻が起きたのか、なぜ浦添に眠ることを切望したのか、という理由が明らかになる。

随想

いまも「かけて仲間節」とのコトバがある。ヤマトの大阪に出稼ぎすることになった人のコトバである。「別れていても無理はしないこと。世はなさけばかりよ」。この「仲間節」は、1574年から1622年、つまり尚永王のころの詠み歌との説もあるが、また、島津圧力に始まる尚豊王の時代へかけての背景を歌ったともいわれる。作者は上洛を求めながら「お礼」を要求され、さらに島津を通して賦役を取り上げられた尚寧王（ウシュガナシー前）のことと伝えられる。

ヤマトでは豊臣秀吉に続き、豊臣家を滅ぼして将軍となった徳川家康も島津を通して琉球に難題を持ち込み、それを聞き入れないとして島津家久に琉球侵攻を命じたのである。

難題とは、琉球が生産する以上の貢ぎ物の供出で、琉球王府はできるだけ応じようと宮古、八重山にも貢ぎ物を押し付けたが、それは農民を苦しめるだけであった。命令通りの貢ができず、とうとう「琉球征伐」が起こった。島津軍はまず奄美大島から攻め入り、本島の北から南へ進軍した。奄美と北部で多少の抵抗はあったものの、王府の尚寧王は無抵抗のまま関東に連れていかれ、おまけに奄美大島五島が薩摩に取られてしまった。奄美の人たちは「なぜ薩摩ですか」と泣いたが、どうにもならない。琉球側の大きな損失となったのである。奄美の人たちだけでなく沖縄の人たちも嘆き苦しんだが戦力では及ばない。薩摩兵の横暴をどうすることもできなかった。

『鹿児島県の歴史』（1999年・山川出版社）によると「鎖国時代を迎えて、藩全体の経済的苦悩が激しくなった。それで東南アジアなどと物流交換をしていた琉球に目をつけ、戦力をもって琉球を抑え込み、自国の経済を潤した」という。島津は琉球の日本化を表面上禁止して、実のところ在番奉行の駐在をはじめ、物資献上を「5年に1貢」と決めた。それも自国政策の在り方を示しているといえよう。琉球もかかわる対外問題を、将軍島津斉彬のように、琉球に立ち寄ったペリー艦隊の開国要求を受け入れる藩主がいたことも歴史の一ページといえよう。

ともあれ、当時は琉球にとって「我が身をつねっても他の痛さを知らぬ島津兵」に対して「嘆くなよみんな、世は情けばかりと思いなさいよ」と、王様は歌を詠んで臣民を諭したのである。
《思ことのあてん・よそに語られみ・おもかげと連りて・忍で拝ま》
「思うことがいろいろあっても他所に語られようか。面影とともに堪え忍ぶ以外にない」。その王の心が臣民に伝わったかどうか。やはりこの歌はウシュガナシー前（王様）の歌である。「思いがたちのぼる自らの面影と心を連れなして、祖先の神々にお詫びかたがた両手を合わすことにしよう」という、それしか道はなかったのである。
大宜味塩屋は昔から塩どころだった。薩摩もそれを知っていた。琉球王府も塩屋の煙のように、絶えてはいけないとの、願いを込めての「塩造りうた」がある。貧しくとも塩造りは沖縄の専売みたいであった。
《よいもあかつきも・なれし面影ぬ・立たぬ日やないさみ・しゅやぬけむり》
「宵も暁も面影がたちのぼる。それは塩炊く塩屋のけむりであった」。大宜味ムラ塩屋湾は陸地に大きく食い込んで緑の山に囲まれた静かな入り江である。貧しくても塩屋のように煙は絶えなかったと言う。

現在も湾口にかかる塩屋大橋はドライブに最適なコースで、見晴らしのすばらしい景色が楽しめる。塩屋では毎年旧盆明けの亥の日、港で海の祭り（ウンガミ）の豊年祈願がムラをあげてとりおこなわれる。ウンガミは現在、国の重要無形民俗文化財に指定された伝統的な祭事であり、盛大な歴史を飾る民俗行事といえよう。ひと昔まえまで塩は専売制で、話芸「スーヤーヌパーパー　マース」（塩屋の塩婆さん）という劇もあったりして沖縄の塩どころであった。

佐敷冨祖崎の浜辺でも深海からあげた海水を干し、水炊きしておいしい塩に仕上げていた。そのような静かなムラ里に「塩炊く煙が立たぬ日はない」ほど、消えることがない。ゆったりとしたこの「仲間節」を三線で歌うと、琉球の歴史が胸中を走っていく。

機織り女の独りごと

つなぎ節

あたりをやうみやり
はたいん布織やい
たまこがね里が
んしゅよすらね

歌意

「あたりを見渡しながら機織りをして、できあがればわが里主の御衣にしたいものよ」の意味である。芭蕉布の着物は沖縄の年輩女性たちが守ってきた伝統工芸と言ってよい。糸芭蕉を育てる畑にはじまり、そこから繊維を取り出して、コツコツと糸をつくり、ねりをかけ、絣を結び、染めて長く美しく仕上げた。それは食用バナナの仲間である糸芭蕉から採りだす糸が繊細さゆえにきわめて扱いが難しく、他県の染料物にも増して、その工程を長く複雑なものにした。

だからこそ、手数と心をかけて織り上げられた芭蕉布は、畑仕事にも晴れ着にも向くように仕上げる。文明促成の社会と逆行するような手仕事の数々は、現在もむかしからの長い年月とほとんど変わらない。一つひとつの手仕事の重なりと、それをやり遂げる年輩女性のこころ模様が布を生み出すのである。

畑に植えた芭蕉の木は、茂っている。「この芭蕉木を切り取り、機織り器のタカハタ、ジーバタにかけて織り上げ、着物にして玉黄金のような親しい思里の衣装にしたいものよ」と織りびとは熱を込めそれを示す。三線歌は、後のヨージャンナーが大切。そこに左指の調子をもっていくことで情感が出てくる。

随想

もう少し、芭蕉の木について述べておこう。芭蕉布は、庶民の着物として沖縄の山野に自生する芭蕉木の繊維を用いて織られていた。織り上げるには情熱がいる。この機織り情熱が北は奄美大島から南は与那国までつなぐように、ごく普通の家庭で主婦たちの手によって制作した沖縄の特産であった。琉球藍染めは主体にテカチ（車輪梅）などの草木が多く使われた。

その昔、中部の具志川ムラ、中城ムラ、そして南部の南風原ムラ、大里ムラ、佐敷ムラあたりでは家計の助けの機織りジーバタからタカハタへと、そのほとんどが家々に機織機があり、女性が中心になって機織り作業をしていた。もちろん電気などはなく、石油ランプの下で、ジーバタは座って織り上げ、タカハタは腰掛けてともども右足・左足でバッタンバッタン漕ぎ、両手を交互に串を動かして仕事を進めたのである。織り上げものは、一家を支える里主の衣にもなった。

山手の高地には芭蕉木の林が青い葉を伸ばし、時がくれば男どもが切り取って家の大釜で炊くのである。それをヤーマ（手回し具）に掛けて繊維をとり、機織りにかける。したがって女性も家事をしながらの仕事で忙しい。月夜の晩に織る人もいた。織り上げるのに上手な人は15日から18日ぐらい、10代の娘でも30日ほどかかったのに苦にはならなかったらしい。織り上げてそのまま那覇市場に出すか、染めに出すか、手縫いで着物に仕上げるかで、用途は広がった。

《さやか照るけふや・ありんながみゆら・ともにながみたる・月にんかて》

（芭蕉布を織りながら手安めに眺める月の美しさ。彼もきっと眺めているでしょうね）

そのように願って空に輝く月に合掌する人もいた。芭蕉布（バサー）は畑通いの男たちにとっての仕事着に多く使われたが、ときには村役場などが主催して「芭蕉布展示会」をムラヤー（村屋）で開催して奨励することもあった。芭蕉布は喜びも悲しみも秘めていた。葬式行列でムラ里の女性たちがかぶってガン（葬式用具）行列について行く姿も見られた。それを「バサーカンジャー」（かぶり）と言い、地域の習わしにもなっていた。

沖縄の葬式にはバサーカンジャーのころ「別れにシマを見せる」習慣もあった。今は少なくなったが、戦前はお墓にいくとき、ガンに遺体をのせ、お墓の前の高台につくと生まれシマ、あるいは育ったシマ、夫婦で住んだシマを見せるためにガンを緩めてムラ里を死人に見せるのである。その間にバサーカンジャーの女性たちもシマを眺めて手を合わせ合掌した。

戦後は人間国宝・平良敏子さんの作品「芭蕉布」が１９５４年から、沖縄タイムス主催による「沖展」に出品されることが決まった。当時、７月の夏の日射しをあびながらヤンバルの大宜味村喜如嘉を訪れたら、広場の前に平良さんのお住まいがあった。機織り場はすぐ広場の道路沿いで、家からかすかに「ポーントントーン」の機織り音が聞こえた。芭蕉布の復興と伝承者育成に尽力して人間国宝となる平良さんは、気取ることもなく記者の取材に時間を割いてくれた。その素朴な笑顔が若々しく美しかった。機織りを見ると多くの串糸がきれいに並び、芭蕉布への取り組みについて語る姿が気高く見えた。集落手前の糸芭蕉畑には短く葉を広げ、青々と茂る芭蕉があった。

自らは知らぬよき香り

本散山節

近さたるがきて
油断どもするな
梅ぬ葉や花ぬ
にほひや知らぬ

歌意

「身近な人たちを当てにして油断をしてはいけない。梅の葉が花のよい匂いを知らぬように、人間も身近な人のありがたさがありながら、あたりまえみたいに思ってそれを感じない。油断をしてはいけない。身内のありがたさを知るべきである」という。

妻や夫は身の内、父と母、祖父母、それに子どもたちに孫たち、すべて「近き人たち」

である。新聞ダネによると、それぞれにいさかいがあって憎みあったりする記事があるが、それは異常である。異常であるから記事になる。美談も記事になるが、それは読者の目を引きつける事柄が含まれているからである。

親子きょうだい、お互いに信じ合い、助け合い、世話し合うのは当然だから油断も緊張もない。それはちょうど、匂いの香ばしい梅の花が、自分の香りを知らないのと同じではないか。特別の場合を除いて記事にもニュースにもならない。ある国のように「きょうだい親子が対決けんか」している場合は、むしろ「仲良し親子」が記事になるだろう。離れていても、身近にいても親やきょうだい、親しい人たちをあてにしてもいけないとのことわざである。三線で弾けば、その声下げがこの歌の特色として響く。この歌の斉唱となると声をそろえて調子よく弾くのが大切ということになる。

随想

身近にいる家族きょうだいは、親しいがゆえに甘えてしまい、それほどありがたさを感じない。それはちょうど梅の葉が自らさかせた美しい花の匂いを知らないのといっしょではないか。ところが病気になったり怪我したりしたときに、本当に世話してくれるのは身内である。人間としてそのときにありがたさが身にしみる。当然であろうが、当然を当然と思わないほど、油断することもある。

親子は普通、生みの親と子のことであることは当然である。しかしまた、「親子」という語は父母と子の血縁的な関係だけでなく、養親と養子関係を示すのはよくあることであろう。たとえ血縁でなくても父と子、あるいは母と子の関係に限定して使用するときもある。したがって人間関係は心理的に複雑と言えるかも知れない。

岩に咲く花木神聖祈りあり

坂本節

坂本のいべや
だんじゅとよまれる
よよぎょらがちゅもと
くばのみもと

歌意

坂本の海辺にある岩はなるほど名のとおり大きく、形がきれいで子どもたちの遊び場にもなって広く知られている。岩の上にマーニの木が1本はえてクバの木も根本に3本枝を広げている。坂本の岩は別名で「蛇紋岩」と言われるように加水変動によって生成した蛇紋岩に含まれる造岩鉱物。が地下もしくは地表付近で、天水や海水と反応して生成すると考えられる、と学者たちは説明している。岩は天水や海水と接触しやすい沈み込み帯や中央海嶺付近で見られる。また、高圧型の変成岩はマグマが地下水深部でゆっくり冷えて固まってできるとも言われ、風化すると赤褐色になるらしい。

三線で弾くと歌の「調子をそろえることがたいせつ」「だからこそ最後のヨーンナーがつく」と教わった。弾くごとに興味が湧く。

随想

坂本節は、趣のある神聖な拝所を礼賛した歌として知られている。「坂本の岩」は奄美大島でよく知られており、観光客も訪れる。岩のある徳之島は伊仙、天城を含み、石灰岩性のカルスト地形が発達した島で、海には沖縄と同じく天然の洞窟や波によって生じた景観も見られた。坂本節の出自は奄美の徳之島で、琉球王国時代、秋津集落の亀津高台に、いまでも王府から派遣された役人の屋敷と殿内屋敷跡が残っている。そのとき地神、つまり土地の神を祀るために、屋敷の後方に生えている樹木の根を掘り起こし、根に残されている部分を奉ったとの説話が土地の文献に出ていた。

その土地は薩摩に取られてしまったが、薩摩は廃藩のあと明治に入ってから殿内屋敷があった場所に「秋津神社」を創建しており、祭神は素戔嗚尊で、きれいに整備されている。琉球時代に祀られていた地神は屋敷の後方に生えている樹木の根っこに残されている。秋津神社の建つこの土地を管理するのが、代々坂本姓であることも歴史を示しているように思えた。

《御万ちゅやそろて・踊いはね遊び・獅子やまりつれて・遊ぶうれしゃ》

「万人がそろって踊ったりはね遊びをしたり、あるいは獅子舞をして遊ぶ。うれしいことである」という。

秋津神社では旧暦8月15日、まん丸い月が上がる前に豊年祭りが執り行われる。そのとき、薩摩支配後にできた「秋津盛唄」という古謡が歌われるが、歌詞は「坂本節」とほぼ同一の内容である。土地の人の話によると「琉球時代が懐かしくて、そのあとも歌われたのではないか」ということであった。

縁は異なもの味なもの

ごえん節

ご縁あておとじゃ
いきゃてうれしさや
うちはれて遊べ
わ身んあそば

歌意

人の縁とは不思議な巡り合わせ。縁があるというのは、人の心を成長させることかも知れない。結婚にしても師弟にしてもよい夫婦、よい先輩、よい後輩、ひいてはよい政権、政治だとしても、出会うことが縁の始まりである。縁のある人というのは、お互いに魂の段階で共鳴、高め合うことのできる人であろう。親戚が遠い外国にいることを知ったのは、大人になってからである。文通を始め、折を見てたずね、初めて会うことができた。だから「打ち晴れて遊ぶ」楽しいひとときを過ごすことができた。それが「ご縁」というものであろう。

この「ごえん節」は三線を弾くことによって、ますます縁を深くするのである。一拍子八分一厘脈の歌は、よくそれを示している。

随想

「歌は優しくても前弾きに特色あり」「5分扱いが大切」と言われる。戦前から戦中、そして戦後へと歴史は流れたのに「ご縁があってお会いできた。今日はうれしいことがたくさんあるように願いつつ気分晴れ晴れと遊びたい」とも思う。戦時中は会いたくても会えないことが多かった。戦争で亡くなった友人もいる。それで戦後生き残った友だちから誘われる。

「戦争を体験して生きていてよかったのか」

よくわからないが男も女も多くの友がともに歌い、三線を弾き、踊って遊ぶのが後悔とともに嬉しくもある。

「ハイ、うち晴れて遊びましょう」

この歌はそれを詠んでいる。「縁は異なもの味なもの」を思わせる。友のひとりは公務員、一人は実業家、一人は農業、お互い仕事の関係で遠く離れていてもきょうだいのように仲良しである。７月お盆ともなれば、同門祖先への手合わせもあるから友が増える。めったに会えない仲でも顔を見合わせると時代の流れを感じなくなる。

「お前、頭はよかったけれども逃げるのが速かったな」

「泣き虫のくせに強がりばかり言っていた」

「算数はできたのに国語は下手で、漢字も忘れたりしていたね」

「だから試験では右を見たり左の方を覗いたり」

「それ、カンニングだよ、でも先生はなにも言わなかった」

そのような話し合いで時の過ぎるのも忘れるぐらいであった。その「ご縁」があってこそ嬉しく懐かしく思える社会でる。殺伐とした世の中でも友情は育つ。それが「ご縁」というものであろう。そして次の歌ができた。

《いちゃたる弟ぎゃ・行逢いたるい兄ぎゃ・よらて物語い・でいしちあしば》

（会うことができた弟たちよ、兄たちよ、みんな寄って遊ぼうよ）

揃えば楽しいもの、日ごろはそれぞれの仕事で忙しいのに、会えば仕事の忙しさも忘れて語り合いは尽きない。そのうち三線を弾き、センスル節に合わせての踊りも出た。女性のカリユシ手拍子もある。にぎやかな場面はいつまでも続く。いつまでも鳴り響く三線の音と拍子とりの太鼓、そして踊りと語り合い。それが人の縁というもの。
《かりゆしぬ遊び・うち晴れてからや・夜ぬ開けてき陽が上がるまでも》
いつまでも楽しい遊びを続けたい。

いまは昔の若さ百歳

ちるれん節

子や孫ん揃って
願たごとかなて
大主ぬ百歳
お祝いしゃびら

歌意

「子や孫たちもそろって、私たちが尊敬する大主の長命、百歳にもなられたことはうれしいこと。みんなでお祝いしよう。みんなして願ったこと。ムラの人たちも喜んでいる」

三線は歌に出てくる「チルリン・チルリンのくりかえし」の弾き方が大切と言われる。

現在の世相を「百歳時代」という。①年も寄り合って100歳を超した。繰り戻してみたい昔の若さ。②寄ってしまった年が戻せるか、若くなれるか楽しみは嫁のこころさ。③またと拝まれぬこの世間は宝、子孫が揃って100歳祝い。④わずかこの世は一代の暮らし、浮世らくらくと暮らし欲しゃの。⑤たとい世の中の変わり行くあても、むかし遺言葉や忘れ難し。⑥想えば懐かしき昔の面影よ、肝に思い染めて残し置かな。⑦わが身をつねってみて、他所の身も知るさ、無理するな友よ、世は情けばかり。この文句は三線で歌った「昔の若さ節」である。

随想

沖縄のお祝い日、うれしい日、楽しい日は歌三線がつきものであり、古典曲から民謡曲、そしてカチャーシー（群舞）へとつながると、泡盛を酌み交わしながらの座が遊びの場となる。しかもまた、夜が遅くなるまで続くのだから楽しさは増すばかり。子や孫たちも調子はずれの手をたたきながら喜んでくれる。「さあ、今日は大主《うふしゅー》が100歳になられた日ですよ。お墓の建立お祝いのとき、お願いしたでしょう、シンボル大主を元気で長く生かしてくださいと。その願いが通じたのさ」「はい、今日は大主の100歳祝い、みんな歌いましょう、踊りましょう」

このようなおめでたいお座敷で自分の身をつねってみて、自分の身は自分であるのを確かめてみたいほどで、幾星霜を経て今日まで生きているとは思わなかったのではないか。もう100歳、いやまだ100余歳、友人たちもたくさんいたのに亡くなった人も多く、いまさらのように時が遅いと思うこともあるだろう。

シヌグの祭り許されよ

本部長節

検者しゅしたりまへ
お取り次ぎしゃべら
あまん人ぬしのぐ
お許し召しやうれ

歌意

この節は「むとうぶなぎ節」と読む。「王府から間切番所に赴く役人検者さん、みんなの願いをお取り次ぎしましょう。ウシュガナシー（御主）へのご奉公は昼夜かけて励みますので、昔からのシヌグ祭り（ムラ祭）はお許しくださいませ」との願いである。間切（ムラ里）には作物を検査し、それを王府に報告する役人がいた。ムラ遊びなどは簡単に済ませて働くことを奨めるのが役人で、シヌグ祭りは、沖縄本島の北部とその周辺の島々、奄美の一部ムラびとの祭りとして盛り上がっていた。豊年祈願の年中行事のひとつだった。

この歌は「シヌグの祭をお許しください」との願いを込めての三線歌である。下句も同じで弾ける。最後の「ハイスリヨー」に特色がある。八十七拍子、一拍子八分一厘脈の所要時間およそ一分十七秒曲で「長唄」を歌詞とする数少ない曲のひとつで、欽定工工四に載っている歌詞は3句の8・8・6形式を取っていて、「長唄」は歌持ち以外に旋律素材の反復はない。

同曲で歌詞が異なる《渡久地からのぼて・花のもと辺名地・あそぶ健堅に・恋し崎本部》（本部の渡久地ムラからもっと北部の辺名地、遊びどころの健堅、それに崎本部があるよ）とのムラ里案内歌もある。

随想

むかし、庶民の遊びは賑やかであったが「働きを忘れたのか」と、役人からの文句もあった。この歌は「ウシュガナシーみゃだりよるひるんしゃびん」つまり「王へのお仕えは昼夜いたしますから御万人が参加する祭りはお許しねがいます」との、庶民の願いごとである。この歌以外に古典音楽で直接に本部のムラを詠んだ歌はあまりないが、港のはるか東シナ海を望み、雄大な自然の営みを見せるカルスト地形や八重岳など、美しい景観や自然に恵まれた本部港の環境に時代の移り変わりを感じさせる。本部には初夏の太陽を連想させる真っ赤なアセローラやシークヮーサー、パイナップルなどの特産品があり、シマの特色を作り出している。

それに加え、海洋博覧会場が関心を集め、今も多くの観光客が訪れる。近くのフクギ通りも沖縄独特の情緒を高めている。ここは「海　その望ましい未来」をテーマとし、日本をふくむ36か国と3つの国際機関が参加し、特別博としては当時史上最大規模となっていた。この海洋博開催によって、沖縄県の列島改造と言うべき開発が劇的に進んだといわれる。

花に見とれて月あがり

本嘉手久節

みる花に袖や
引きゆ止められて
月のぬきゃがてど
戻て行ちゅる

歌意

「野に咲いている草花に見ほれて袖を引かれる思い。見上げれば空には月が煌々と照っていた。でも家に戻らないといけないよね」と、急いで家に帰ろうとすると、花の名は知らないが、葉は細長いのに花は大きく開いているのを見た。それが道ばたに3本あった。つい袖を引き留められる。そのうち月が道を照らすように上ってきた。「家へ戻らないといけないのにさ」。乙女ごころを誘うような、そのような感じの花であった。
それは長い楽節で歌われており、各節の独自の展開は、その共通箇所の間の拍子が魅力を増していると思う。

随想

地名の「嘉手久」は奄美大島の芦徳から来ている。「本嘉手久節」や「昔嘉手久節」（もいこばな・ものもいやぬばかり・露はうちむかて・わらて・さきゆさ）、つまり「盛り上がっている小花が物も言わぬばかりに夜露へ向かい、笑って咲いているように見える」ということである。奄美芦徳ムラから来たとすれば、やはり王府時代に奄美が琉球文化を受けた流れかもしれない。歌の意味は「お茶に入れておいしい香りのする小花、物を言わぬばかりに可愛らしく、花を開いて露を受けようとして笑い咲いている」である。

沖縄の歌に《しづかなりそめれ・つねに身がこころ・波たたぬ水ど・かげやうつす》がある。「世は騒々しくあろうとも、我々は静かにしておこう。静かにすれば、やがて川の水も波を立てないであろう。目を向ければ静かな木影が映って見える。それが琉球の影」という。

人間なら喜怒哀楽。それでも静かな顔をする。それも修行のひとつと言えよう。そのような意味である。

天の恵みを希う雨と露

揚作田節

豊かなる御代ぬ
しるし現れて
雨つゆぬ恵み
時ん違がぬ

歌意

豊かな御代は「天も地も豊かな時代になったのかな。そのしるしが現れていい時代を迎えた。それこそ天の雨、地の香り、その恵みで時が違うこともない」という。その印が現れた。天地の恵みによって農業、漁業だけでなく商売にしても「天候」は豊かになった。日照りが2か月以上も続けば作物は枯れるし、雨が降り続くと漁業に支障をきたす。いい気候にするには天に、あるいは祖先に祈るしかない。雨露が都合よく降ってくれると、それは豊かな御代の印である。過去も現在も変わらぬ天候に左右される時代の歌で、時を違わない雨や露の来襲は豊かなる御代をもたらす。祈りを込めたこの歌は舞踊に多く使われ、最初の楽節が全曲を支配する。ということは「作田節」の最初の楽節に基づいた編曲と言えるかもしれない。

随想

戦前の農業は天気しだいであった。半年も雨が降らないと農作物が枯れるし、大雨になると作物が流されてしまう。天の恵みと言えば夏の日でも10日前後に一度の雨、冬ならば12日前後に一度の雨が豊作の天気である。農業だけでなく漁業、商業、工業にしても、そのような天候になれば、それは天の恵み神と祖先の助けということになる。昔びとにとって祈りは大切な行事であった。夏の台風は作物を荒らすだけでなく家屋をも吹き飛ばすので、その来襲は好まない。「時を違わずに天と地の恵みを与え給え」とユタたちも天に祈った。祈る以外に道はなかった。

宮古との道を開ける船出かな

石ん根ぬ道節

石ん根ぬ道から
寺ぬ側までも
主部衆や先から
みやらびやあとから

歌意

石づくりの道を通って寺の側までも「男衆は先を、女と子どもはあとからお通り」とは昔のならわし。それがあたりまえであった。男女同権と言うより、男どもが道ならしをして、女性が通りやすくする意味もある。

この歌は宮古島でむかし、よく歌われていた。「石ん根ぬ道節」は宮古島を管理する琉球王府の役人が任期を終えて帰路に向かう道なかを詠んだ歌曲である。石ころの道からお寺の側までも「あなたたちは先になりなさい。私たちは後についていきます」との意味であるが、出稼ぎで出港する男には島に好きな女性がいた。女は張水《はりみず》港へ行った。そして船庫にこっそり入り込み、船が出るまで彼と会うようにした。さらに「島の先の池間まで足を延ばして見送ります」と涙ながらに言いつつ船を下りた。「ほんとは里前が帰る沖縄島まで送りたいのですが……」。でも船は無情に帆をあげて港から出た。それでも彼女は池間の先にたたずむのであった。

「みやらべやあとから張水に降りて、船元にのぼって片手しや首だき、片手しや酌とて、好きな主の前、池崎まで見送ろう」と小さく語った。さらに「肝しゃいや主の前、沖縄まで送くら」（主の前・池間崎から見送ろうね、心では主の前とともに、沖縄まで行きたい）と、女性は手を握り、そして手を振った。

随想

宮古島の歴史をたどると、室町時代に豊見親《とぅみうや》と呼ばれる支配者が出てくる時代になるまで張水はあまり知られることがなかった。16世紀ごろには首里の王国が北の奄美から南の与那国まで治めることになるが、その間に八重山は政治犯、宮古島は刑法犯を流すことになって、ようやく衆知されるようになったのである。江戸時代に琉球は薩摩の支配になってしまうが、財務に苦しんだ琉球王府は宮古・八重山に「人頭税」という過酷な税を課した。ところが宮古島はお米がつくれず、雑穀も納めきれず、女性たちが朝夕働いて仕上げた「上布」で補うことになった。この上布は念入りで、他に例を見ないほどの繊細で手間の掛かる織物になった。それを「宮古上布」として首里の女性たちからも高く評価された。水に乏しい島に残る必然があったと言える。

宮古島といえば「明和の大津波」を忘れることはできない。古い文書によると1771年4月24日、八重山南島を震源とする大津波に伴う大地震が砂川と友利のムラ付近を襲った。その時の津波は10メートルあまり、今で言う4階建てのアパートがまるまる浸水するほどの高さだったという。宮古の下地島の通りには、この津波にまつわる人魚伝説が残されている。津波の前夜、漁師が獲ったヨナタマという、上半身がヒト、下半身が魚という竜宮の神様が現れるとの伝説も残している。

風吹く港にも情けあれ

本田名節

すんねくり舟ぬ
行ちゅる渡海やれば
今日やいじ拝がで
明日やちゃやすが

歌意

「くり舟でわたって行ける海であればこそ、今日はお会いできたね。明日はどうしようかな」と思い悩んだ。「本田名節」は節名のように、伊平屋島の田名集落から生まれた歌である。伊平屋は沖縄の島のなかでも最北端の有人離島で、細長い形の島は、第一尚氏の祖先が生まれた地とも言われ、海岸などを含めて史跡がたくさん残っている。この島から沖縄本島の南、佐敷の上グスクへ移ったのが第一尚氏の祖先・佐銘川大主で《ここなる丘は上グスク・中山南山北山を・統一したりし英雄の・い出しところはここなるぞ》と佐敷村歌に残っている。

この歌は戦前の佐敷小学校の校長作で、上グスクは南城市佐敷から三山を統一して琉球王国を築いた尚思紹王の系列をふむ人たちの拝所である。現在も「佐敷村歌」として運動会などで歌うことが多い。「立てや（奮え）村びといざ立てや・学びの道になす業に・力の限り尽くさんは・汝が負える責めぞかし」と、4節まである。

随想

伊是名島は南西諸島、沖縄本島の北西にあたる、伊平屋島の隣りにある島で、稲作の盛んな島と、尚思紹王の発祥地として知られている。三山を統一して琉球王国を築いた尚巴志王の祖父・佐銘川大主はこの島で生まれた。父親を屋蔵大主という。畑仕事がこじれて島を追われた佐銘川は佐敷場天浜に落ち着き、鮫の皮大工に専念し、剣術の稽古にも励んだ。当時、佐敷から知念、玉城一帯を治めていた美里之子とも仲良くなり、ともに暮らして1352年、知り合いの大城グスク按司の娘・マシューが場天浜に来て仲良くなり、結婚することになった。長男がサクルーでのちの尚思紹王、つまり尚巴志王の父親で、その子孫が佐敷、新里、手登根に広がっている。

佐敷集落の一帯はみどり豊かな美しい田園風景を背にしてサンゴ礁の海が広がり、古くから農業と漁業を中心にして生活をいとなんできた。クリ舟（サバニ）は島々を巡る漁業をはじめ、周辺の島々をわたる交通手段でもあった。

しかし、イヒャドゥーの言葉のように伊平屋の海辺は波荒き島でも知られている。「いひゃどぅ、立つ浪おしそえて・道の島々、うち渡て」の三線「上り口説」にもあるように、海を流れる黒潮などの影響で「伊平屋渡《イヒヤドゥ》」と呼ばれ、天気の悪い日は荒波が立つ難所として知られていた。この歌は「すんねくり舟」、こうした危険のともなう航路を「渡りがたい恋の道」に譬《たと》えて詠みこんでいる。

あの四つ竹踊りの舞台

港原節

打ちならし鳴ならし
四つ竹はならち
今日やお座出でて
遊ぶうれしゃ

歌意

「四つ竹」を両手に持って打ち鳴らしながら、「今日はお座敷に出て、踊って遊ぶのがうれしいですね」と、雰囲気を楽しむ歌である。手踊りというより、むしろ両手に「四つ竹」をもって、カチカチと音を合わせる踊りが主になってしまう。女踊りは大体2曲ないし3曲構成が様式になっているのに、この踊りはこの1曲で出来上がっている。もうひとつ「女こてい節」もあるが、それはもともと組踊「大川敵討」から特出されたものであるから味が異なる。やはり「港原節」には個性があっていいと思う。1曲から3曲というのは、この曲と踊りが古さを見せているからであろうか。

随想

史書によれば尚敬王冊封式典のあとに続けて行われた「中秋の宴」に見える「拍舞」につながる演目と言う。踊りの手法を見ると、かつて南城の手登根とか佐敷、津波古あたりで、今の老人たちが若いころに踊っていた体ごとに動く手法に似ている。この種の踊りは古い時代からムラ里で踊ったような気もする。

群舞の性格が強いので、御冠船芸能の基礎的なもののような感じも受ける。現在の振り付けや着付けなどは後世のものであり、しかも創意が込められているので、表現についても次第に「現代化」している感じがする。歌の調子も拍子も踊りに合わせるということになっているのだろうか。でも春になると深い山から庭に咲く梅の木に飛んできてウグイスが鳴く。そのしおらしい声に耳を傾けるとロマンチックな気にもなる。

《初春になれば・深山うぐいすの・咲く梅に来鳴く・声のしおらしゃ》

前の歌と関連して、初春になれば深い小山からウグイスが民家周辺に、エサを求めて降りてくる。ホーホケキョウの鳴き声が季節を告げるように聞こえる。夏冬、季節感に乏しい沖縄でもウグイスの鳴き声で春を感じる。ムラ遊びの四つ竹がウグイスの鳴き声に聞こえるのも、季節感を呼ぶ踊りである。

嫁行きの悩みと希みあり

大田名節

おおだなの嫁や
なりぼしゃやあすが
石やらあさ道ぬ
汲みぬあぐで

歌意

伊平屋の大田名（大店）家は名家である。そこに好きな男がいて嫁になりたいが、当然台所の受け持ちである。「嫁として水汲みがたいへん、あの近くの石ころ道を水汲み桶をもって行ったり来たり。それを考えると嫁になるのも気がひけるのよ」。このような年頃の女たちがもつ不安と幸せは交錯する。女性にとっての嫁入りは心の一大決意が必要であった。夫と妻の関係はともかく、そこの家庭の一員として、どのように暮らすかが課題だったからである。夫の母と父との付き合いもあるし、慣れない仕事もあるに違いない。単に夫への好き嫌いで割り切れるものではない。

この歌は嫁に行くかどうするか、女性の複雑な心境を歌ったもので、七十五拍子の一拍子八分一厘脈で所要時間およそ一分六秒調子であるが、「田名節」には「昔田名」「本田名」「大田名」がある。3曲とも同じ曲の意味や使い方で、どれが原曲かは明らかではない。各曲の歌はもちろん異なっているが、3曲に共通するのは最初の短縮型で、ほとんど同じに聞こえる。

随想

歌の意味は、女ごころの複雑さを示している。嫁入りすればその家の家風に従わなければいけない、となれば、楽も苦しみも新しい体験となる。「嫁には行きたいが行きたくもない」と悩みながら時がすぎていくということであろうか。

もう一つの歌があった。《石原《イシャラ》朝みちゃ・くみやあぐまわん・大だなの嫁や・ましやあらね》

「朝早くに石ころ道を通って水汲みをしなくてはいけない。大田名の嫁になったのだから、それでもいい」ということになる。

むかしの女性たちは「嫁に行かないと売れ残りとして笑いもの」「嫁にいかねば飯食えぬ」といわれた。職を持ち、生活も安定する現代女性にとっては想像もできないくらいの女性たちがほとんどであった。さあ「たとえ石道であろうと、朝の水汲みが難儀であろうと、よその家に行くより金持ち大田名の嫁がいいさ」ということになった。現代の女性たちには通用しないが、昔の女の気持ちがわかる気もする。

蝶がもつ愛の文届くか

伊江節

あがり（東）うち向かて
飛びゆるあやはべる
まずよ待てはべる
いやり持たさ

歌意

これも蝶への依頼歌である。「羽を広げながら東の方へ飛んでいく伊江島の蝶。私の好きな彼が東の名護にいるさ、お願いします。蝶よ、ことづけを持たすから少し待っていてちょうだい」との歌である。いつもながら、とくに女性たちは蝶を身近に感じるのか「頼みごとがあるような声出しを」「そのような気持ちだけでもよろしい」と頼み込む。蝶は応えるようなそぶりを見せ、太陽の光を受けて東へ向かって飛ぼうとしている。「私は飛べない。お願い。『会いたい』のコトバを彼に届けてくれ」ということは、人には言えぬ胸中の思いである。蝶々はむかしから人びとに親しまれてきた。野に山に色とりどりの花が咲くころになると、身の周りに飛び回る蝶に親しみを感じる。とくに沖縄のモンシロチョウは羽が大きく色も美しいので、よく歌にも詠まれたのだろう。女性たちの伝言を聞いてくれるかどうか、それは別である。

随想

伊江島から本島へは遠くて近い。本島にいる彼と会いたくても思うようにいかない。昼過ぎに部屋の外を見ると蝶が飛んでいた。思わず手を広げて蝶を呼ぶようにしたが来るはずもない。ただこころがいらいらするばかりであった。また別の庭木に蝶が飛んでいた。「蝶さん、ちょっと待って、この愛コトバ、彼に届けてくれないかな」頼んでみたが蝶からの返信はなく飛んで行ってしまった。愛のコトバが届いたかどうか蝶以外は誰も知らない。辺土名から伊江島シマムラヤー（屋号）を訪ねる「伊江島ハンドー小」の悲恋物語もある。

伊江島西前にカナーヒーという敷役人（出張）がいた。彼は役を帯びて国頭ヤンバルの辺土名で務めることになり、そこでハンドー小という女性と恋仲になった。抱き合えば放さない激しい恋で、身を捨てるほどであった。ところがカナーヒーは勤務を終えると密かに伊江島へ帰ってしまった。島のシマムラヤーには妻と子がいたからである。それを知らないハンドー小はいてもたってもいられず、船頭の助けによって島へ渡り、シマムラヤーに行くとカナーヒーの親たちや妻からはじき出され、仕方なく昼ごろに近くの城山《グスクヤマ》に登っていき、崖から身を投げた。しかも死んだあともその霊は執念深くシマムラヤーの周辺を駆け巡り、一族は次々と死に絶え、一家は消滅したという。

この伝承を下敷きにして造られたのが、名作歌劇「伊江島ハンドー小」である。ちなみに伊江島では「辺土名ハンドー小」としか言わない。シマムラヤーをたずねる悲恋のハンドー小が「辺土名の人」だからという。

女も男も油断なし

あがさ節

深山くぼだいんす
枷かけておちゃい
わをなぐ（女）になとて
油断しゃべみ

歌意

「たとえ深い山に棲む私であっても懸命に機織りのカセをかけておいてある。私も女に生まれたからには働きます。油断をしてはいけない。家のため、彼のために懸命に機織りをしますよ」「シュラジャンナーヨウ」の拍子とり「右手のバチの上げ方に拍子が乗る」。たとえヤンバルの山奥であろうとも、機織りは女の仕事である。カセ掛け女に生まれて油断なく織り上げ、立派に仕上げよう。

この「あがさ節」歌は、浮世を離れて深山に住んでいる蜘蛛でも、立派な糸を張って巣をつくっているのに、私ははかない女に生まれている。だから好きな彼に立派な着物を贈ってあげよう。そのような意味を込めての題名である。

随想

「カセ織り」は女性たちの手仕事であった。タカハタ旋律の特徴は音型反復、それに変形と短縮で織りなすリズムのよさ。「ジッタンバツタン・ジーンズ」の音をたてながらカセをかけて繰り返して、この歌もその思いを募らせる。思いを持つがゆえに、音を聞く男たちの念が強くなるのであろう。機織りに恋の気を燃え上がらせるのも沖縄女性の良さ、親しみを感じさせる歌である。同曲の歌がある。
《かせかけて枷や・ならぬものさらめ・くりかえしがえし・思どましゅる》
「カセをかけてつれづれに慰める」。この歌につなげば、女性の想いが増してくる。カセをかけて懸命に働いても枷にならないかもしれない。でも思いを重ねつつ何度も何度も繰り返して織りつづける女の胸うちは深いものがある。

裏座通いも愛の道
　踊くわでさ節
こはでさのお月
まどまどど照ゆる
他所めまどはかて
忍でいまうれ

歌意

提灯の灯もとどかぬ、暗い夜道であるが、かすかに月明かりが照らしている。「でもコハデサの木が道に茂っているので、よその人たちに知られないよう、木々に身を忍び忍びいらっしゃいね、裏座を開けて待っていますよ」と彼女はひそひそと伝えてくれた。少し離れた三郎と、隣りムラのウシーはモーアシビ仲間で、いつの間にか恋人同士になった。

モーアシビとは若い男女の遊び（野遊び）のことで、昼の働きは厳しくとも夕飯が済めば山手に男女の若者が集まり、三線を弾き、踊り、恋も芽生える集いであった。二人の愛は周囲に知れ渡っているのに、よその目をはばかりながらの語りであった。野遊びも終わると三郎が彼女を訪ねるのでなく、ウシーが月の明かりをくぐるように彼の裏座に忍び込むのである。積極的なのは女性であった。

三郎は庭の戸を開けて待ち、ウシーがひっそりと入り込んだ。親密な一夜を過ごして、そして夜明けとともにウシーは家路へ急いだ。他の友人たちは知っていても、ただ笑うだけで嫌みは言わなかった。やがて二人は親たちの反対を乗り越えて結婚し、娘もできた。大げさだったわけではないが娘の生誕を兼ねて、遅ればせながら結婚祝いをした。呼ばれた友人たちは三郎の三線に合わせて男女ともに楽しく踊った。親たちは何もいわなかった。

随想

この「踊くわでさ」の歌を聞くとみんな踊りたくなる。皆が帰るころ道筋に多く茂っていたコハデサは照る月の光を受けて映えていた。月夜の木は横に枝を伸ばす樹形が月明かりを受けるのに適しているようにも思えた。二人、もしくは三人、五人で踊るが、手に持つ竹がリズムを作って響きがよい。

「打ち鳴らし鳴らし・四つ竹は鳴らち」の踊り歌は「石ん根ぬ道節」にもあるが、この曲に乗るとまた舞台の美しさが浮かんでくる。

芸能としてムラの祭祀と切り離しての舞台芸としたのは玉城朝薫の御冠船以後ではないかと言われる。沖縄の土地に合う舞踊で、とくに女性たちの手つきに魅力がある。男たちもそれに見とれていた。

草木もともに神拝み

赤さくわでさ節

赤さこはでさや
み御殿とたんか（真向かい）
たま黄金むぞうや
我ぬとたんか

歌意

「赤い葉のコハデサーは御殿のすぐ前に生えているさ。あれ？　その美しさを競うように、彼の彼女の姿もコハデサーと御殿の前に立っているぞ。俺と相対しているように見えるよ」。それはまるで彼と彼女みたいでもあった。コハデサは葉が茂っている隙間のようなところから蕾み、やがてささやかな花を咲かせるので子どもたちの手遊び、いや彼女と彼の仲になった。ここの御殿は地域の人たちにとっての神域であって、デートもできる。

5月、6月のお祭り（ウマチー）にはノロ（神女）を軸にして多くの女たちが天地東西に神拝む敬虔な習慣もある。コハデサが御殿と対応しているように、可愛い彼女も彼と対応しているように見えるよ。

随想

沖縄の祭事は女性が主になって執り行う。男どもは御殿の端の広場で泡盛を酌み交わしながら祈りを助けるだけのように見える。ときによってはデートもできる。他県の武士社会は江戸時代から男中心であるが沖縄の祈りは逆で、女性たちが自然の神に祈りの手を合わせると男性たちも同調する。強いていえば日本の飛鳥や奈良平安時代の祈りと共通するのではないか。飛鳥の時代は推古天皇という、日本初の女性天皇が生まれ、「枕草子」の清少納言がいて「源氏物語」の紫式部がいた。日本仏教による天平文化、女性たちが花開いた時期である。歴史をひもとくまでもなく奈良も琉球も、それこそ女性を軸にした平和社会の象徴ではなかったかな。

風と節とは同一か

花風節

三重ぐすくに登て
手さじ持ちゃぎりば
早船ぬなれや
ちゅ目ど見ゆる

歌意

那覇みなとから出港する1000トン級の黒船が見えた。近くの丘の三重グスクで涙ながらのサヨナラーと手を振り振りしていたら早船は見えなくなってしまった。ヤマト行きの船は早い。早すぎる。遊び慣れた女性と男性は、朝も夕方も二人楽しく語り合い、深い仲であるのに、薩摩生まれの彼氏は旅立ってしまうのか。彼が那覇を去るとき、彼女は人

知れず三重グスクで手さじを振った。あと「私はどうしよう、待てないよー」と言っても
どうにもならない。ただ人に隠れて泣くばかりであった。
「風」と「節」は同一かどうかは別にして「花風節」の歌も踊りも「早船ぬなれや」を繰
り返すのは、女心の執念を示していると考えてよい。

随想

友といえども打ちあけられない、この苦しさ切なさを誰が知るものか。もちろん、それは今のところ誰に告げようとも思わないのだが、思い出はよみがえる。那覇の大きなホテルの窓から港が一望できるリゾートホテルの部屋で二人は手を組み、語り合ったではないか。いつもの部屋ながらまるで海外にでも来たような気分だった。「海が見えるところ」と言ったら、貴方が部屋を予約してくれた。気まぐれな私に付き合うのを楽しみにしているようであった。スマホをチラチラいじりながら語り合うのも楽しかったね。「僕は旅に出るよ」と言っていたが本気にしたくなかった。その彼が勤務6年、本当に旅立ってしまったのである。日が経つほどに思いは深くなる。二人で飲んだ泡盛にコーヒーをそそいで、いま一人で口ずさみ、深呼吸をして飲んでいる。

ちなみに、那覇の戦前の辻（遊郭）といえば、男性諸氏の表情と財布のひもが緩む歓楽街であった。ところが歴史を俯瞰してみると、ただの色町では片づけられない史実が浮き彫りになってくる。ヤマトから来た金持ちや政界の人をもてなすためのいい遊び場所でもあったからだ。そのことを思いながら一人で飲んでいる。

手振りも同じ風と節

本花風節

三重グスクにのぼて
うち招くあおぎ
またも巡りきて
結ぶご縁

歌意

三重グスクは、やはり好きな彼を送る隠れ場所。その丘に登って、旅ゆく彼に向かって扇を持ち「またいらっしゃいよー」と手ぶりした。来るか来ないかわからないが、それが二人の縁というものであろう。〝会うは別れの始め〟と言うではないか。

当時を思いながら《名にし立ちゅるけふや月影も・清らさ思里よさとて眺めぼしゃの》

（照っている今日の月影も、清く見える。私の好きな思里とともに眺めたい）

「本花風節」の三線曲である。そのあとの下句の進行では「結ぶご縁」と、思いを残す。いずれにせよ別れは辛いもの、「さよーならー」だけではなく、また会えるご縁であって欲しいという思いもあるだろう。

《かしら結ひかはち・赤おびゆ締めて・わが身つれて御たび・いきやならね》

いくら好きでも離れるときはある。またも巡り来て会えるかどうか。いずれにせよ島にとって別れはつらいもの、という。

随想

黒く豊かな髪を結い直そう。派手な赤糸の帯締めて、私も連れて旅をなさいませ、そう願いながらもできるはずがない。悲しいことである。那覇の辻遊郭の遊女たちにも真剣な恋があった。相手は金持ちであり、しかも友人が多くて、よく遊びに来てくれた。愛した辻の女性を身受けして、本妻は泣く泣く里帰りしたとの逸話もよく聞いた。「結ぶご縁」は妻か遊女か。

近くの家に、客馬車持ちの男性が辻遊郭から身受けして住まわせた女性がいた。当初は妻も同居したのに、さすがに妻は耐えられなかったのか、肉売り商売で身を立てた。男性は身受けした女性と暮らしていたが、女性は畑仕事に絶えられなくなって家を飛び出した。補償どころか、しばらくすると遊女は逃げてしまったのである。3年、4年、そのうちに夫は死亡。妻と前にできた男の子が三人いて一人前となり、その次男夫婦が年老いた母親を養ったということである。もちろん現今社会とはかけ離れた戦前の話である。

友情変わらぬ回し飲み
真福地のはいちょう節

真福地のはいちょうや
嘉例なものさらみ
いち巡りめぐり
許に着きやさ

歌意

糸満福地といえば、ムラは古くから漁業が盛んで、サバニと呼ばれる小舟に乗って遠洋漁業を行ったウミンチュ（海人）のムラとして歴史を築きあげた。歌に詠まれた福地では、毎年8月に歌の演奏とともに、牛の角で作った盃で乾杯をするが、盃は先が尖って不安定なので置くことができず、そのまま皆で回し飲みすることになる。そして自分のところに戻ってくる。これには、海に出た漁師が無事に戻って来れるよう、航海の安全祈願が込められているという。盃を持ち上げて友と交わす手にも酒の誇りが見えるのである。「真福地のはいちょう節」の歌碑が福地235小公園に建っている。

随想

本部備瀬のフクギ並木はこもれ日がさす癒やしのパワーがある。全長約3キロメートルであるが、奥に平屋が数軒あり、まっすぐの一本道になっていて真昼でも蔭を隠すほど歩くのが楽しくなる。友と手をつないでゆっくり歩くのも風情がある。ここは「カリユシ通り」というらしい。通り抜けると広場になっていて「かりゆし」の酒を酌み交わしたくなる。

なぜ沖縄にフクギが多く見られたのか。樹皮から鮮やかな黄色の染料がとれる木で、むかしは中南部にも多く、染め物にも使うし、同時に防風林にもなった。さほど高くならず、枝葉を広げて人家を守ってくれるので重宝がられたのである。

怨み重なり鬼となる

干瀬節（二揚調　三線はここから下巻）

干瀬に居る鳥や
満潮うらみゆり
わみや暁ぬ
鳥どうらむ

歌意

初夏の海は静かで、引き潮の干瀬に山鳥がとまっている。潮が満ちてくると飛び立って山へ逃げ去りながら「この海よ」と恨むらしい。山鳥たちは「私はまた、夜明けを報せる鳥たちの鳴き声をうらむ」と鳴いているように聞こえた。鳥は満ち潮を恨み、彼女は鳥を恨むのではないか。彼と彼女は浜辺の近くで宿をとり、仲むつまじく語り合っていた。恋すれば二人の世界は、自然の天候と朝鳥の鳴き声さえ恨めしく思ってしまう。しかし、女の執念は鬼にもなる。

同曲で、組踊「執心鐘入」に有名な歌がある。

《里とめばのよで・いやで言ゆめおやど・冬の夜ぬよすが・互に語やべら》(あなたと思えばどうしていやと言いましょうか。冬の季節です、お寒いでしょう。二人きりで語り合いましょう。夜が明けるまでも)という。これには〝怨み〟がある。

随想

本島中部の中城安谷屋城主の中城若松は首里ご奉公に向かう道中、夕刻になったので一夜の宿を乞うために、かすかな灯りが見える途中の民家を訪れた。その家の女は最初宿泊を断るが「怪しい者ではありません。中城の若松というものです」と告げたら「うわさに聞く若松様ですか、どうぞ、どうぞ」と訪れを許してくれた。

部屋に案内して「今宵は語りあかしましょう」と袖をつかんで言い寄った。若松は「首里御奉公へ上がる途中で、泊まるだけです」と女の誘いを断り、日は暮れかかっているのに、女がしつこいので怖くなり、逃げるようにして近くの末吉の寺へかけ込んだ。すると女も追いかけてきた。さあ大変、寺の住職の計らいで、若松は寺の大きな釣り鐘に隠れた。自尊心を傷つけられた女は追っかけてきて鐘周辺をぐるぐる回りながら、ついには「鬼女」と化す。寺ではおそるおそる、住職と子坊主が魔よけのお経を唱えて鬼女を払おうとする。しかし、鬼女はそのまま鐘のなかで動かなくなったという。

この物語は歌舞伎「道成寺もの」に共通するが、組踊として、あるいは芝居にもなり、「女の執念」の深さを物語っている。またこの歌は「女物狂い」のような歌劇にもなった。1719年、玉城朝薫の作であるが、実話であるとして、記念碑も建っている。

寂しさ辛さの我が身かな

子持節（二揚調）

誰ゆうらみとて
鳴ちゅが浜千鳥
逢わぬつれなさや
わ身んともに

歌意

「浜千鳥よ、だれを恨んで鳴いているのかな。会いたくても会うことができない私も同じさ、辛いこと、同じかも知れないな。そのような気がしてまた泣いた」。浜千鳥は沖縄本島の浜辺、沿岸部に巣をつくって、三陸の海と北の土地の豊かな環境に育っている。地域的に新鮮な海の幸、山の幸に恵まれ、沖縄では「浜千鳥」という名の酒もできている。童謡もある。
それは浜辺にいるチドリ科で、むかしの教科書にも載っていた。
《青い月夜の浜辺には・親を求めて鳴く鳥が・波の国から生まれ出る・濡れた翼の銀のいろ》
《夜鳴く鳥の悲しさは・親をたずねて海越えて・月夜の国へ消えてゆく・銀のつばさの浜千鳥》
千鳥の「千」という漢字が当てられているのは、多数でよく群がるからと辞書に出ていた。群がっていることから「千の鳥」と言うらしい。万葉集（4の618）にも出ている。

随想

幼い子を失えば親は悲しい。親より先に死ぬ子がいたら胸が痛む。しかし、この歌を深く考えると、子を失った親というより、好きで好きで抱き合った彼と、もう会えなくなった寂しさ、わびしさを歌い上げている。「会わぬ夜の辛さ」は他の人にわかるはずがない。浜千鳥が、人の感情を知るように鳴いているじゃないか。誰を恨んで泣くのか。浜千鳥よ、私もともに泣きたいよ。

このように沖縄の歌には古典、民謡を問わず「男女の関係」と「浜千鳥の鳴き声」を詠んだのが多い。それも南国沖縄の地域的な意味があるような気がする。《泣くがなし泣ちん・聞く人やおらぬ・ともに泣くものや・山のひびき》独り身の悲しさ、王府時代に外部からの圧力で悲しい思いがあったことはよく知られている。薩摩支配から廃琉置県の世替わりと戸惑い、今日のアメリカ支配と日本復帰もそうであるが、歴史は時代の感情を呼び起こす。その悲しみと複雑な思いが「歌」となり「踊り」になったのかもしれない。

比屋定ばんた島の華

散山節（二揚調）

誠かや実か
わ肝ほれぼれと
寝覚めおどろきの
夢のここち

歌意

誠かな、本当かね、自らのこころにも惚れてしまうくらい。ユメは想像の世界で楽しいユメもあれば悲しいユメもある。ユメは現実離れがするから朝起きるとハッとする。いや、目が覚めても驚かないよう、いいユメならばいつまでもこの気分を続けたい。怖いユメは早く消して現実に戻りたい。「ユメは睡眠中に、あたかも現実の経験であるかのように感じる、一連の観念や心像のことである」と、辞書に出ている。つまり睡眠中の脳活動にレム睡眠とノンレム睡眠があって、主にレム睡眠の状況に見られる現象と言われている。目が覚めても、気になる不思議なユメもある。ユメの中に出てきた印象的な出来事やアイテムなどから、本当に当たるユメもあるから不思議である。久米島の、きれいな比屋定バンタがそれだった。

随想

久米島の岬「比屋定バンタ」は楽しいユメをさそってくれる。ここに立てば、奥武《おう》島が手に取るように見えるし、トクジムの岬も目前である。久米島のユメは楽しいユメ。大海原につながる青い海、緑の丘と沖合のサンゴ礁に砕ける波と後ろの山手が「遊びの胡弓に見える」と久米島の人が語っていた。雄大な自然の美も、ときに土地の人には気付かれないらしく、名称はなかった。あまりにも景色がいいもので、取材して「比屋定バンタ」と新聞に書いたら、それが固有名詞となり、名付け親になってしまった。久米島にはこういう雄大な景色がたくさんある。

バンタは断崖のこと。明治時代の作家・菊池幽芳も毎日新聞の記者として久米島を訪れている。この地に、名称をつけた者として、合併前の仲里村に僕の歌碑を建ててくれた。

言葉変われば人変わる

仲風節（二揚調）

誠一つの浮世さめ
のよでい言葉ぬ
あわぬおきゆが

歌意

「この世の中は誠ひとつさ。仲のよかった二人である。ところが、どうして言うことが違うことがあろうか」

この歌は琉歌の要素七五調から始まる調子が八六調に変わっている。和歌と琉歌を組み合わせているところから、むかしの人たちは仲よく「仲風」と称したとも言われる。「誠」とは誠実という意味、「浮世さめ」は、浮世であることを意味し、「のよで」は、どうして言葉が通じないはずはないとの意味を持つ。

人には、それぞれの常識や価値観がある。誠は一つであって、誠意をもって伝えたところで、意見や考えに異なることだって出てくるだろう。これが政治や経済、地域になると、さらに厳しくなる。人はお互いに個性がある。真の友情とは——個性を認めながらの友情を保つことだっていいではないかと思う。

随想

「手を握り合って語ったのは3年前であった。しかし人のこころは変わりやすい」と、この詩は示している。年月が経てばつきあいもマンネリになり、いつしか疎くなるということ。もちろん末長くつきあう親友もいるが、「のよでい言葉ぬあわぬ」そのような体験を持つ人は世の中にいるではないか。同じ会社勤めの後輩がいた。随分と親しくつきあっていたのに、定年で辞めた後は見向きもしないどころか、逆心をもってしか迎えてくれない。よくある例であろう。

《花の木陰に・住み慣れて・いきやすなつかしゃぬ・別て行きゆが・サヨーくらさらぬ・忍ぬできゃる・御門に出みしょれ・ンゾウヨー思いヨウ・かたらクラサランドー》

「親も許さぬ恋。門に出てちょうだい。会いたいよ」

親も許さぬ二人の恋は、苦しくも激しいものであった。平敷屋朝敏作の組踊「手水の縁」は、このような玉津と山戸の物語であるが、山戸の切ない声の呼び出しセリフが、当時の人々の胸を打ったという。現代的な立場からすれば「そのような親たちこそ許されぬ」ということになるが、当時の社会を映した芸として、権力社会をよく示しているように見える。

面影消えぬ情けびと

述懐節（二揚調）

拝で懐かしや
先ずせめてやすが
別て面影の
立たばちゃすが

歌意

里主は旅立つ。別れなければならない。自ら思いを述べて、つい過去の出来事や思い出も語ってしまった。そして恨み言も愚痴も言ってしまった。懐かしい思いを胸に秘めて里主に送ることにしたが、別れたあとに面影が夢枕に立つとどうしよう。ただただ思い悩むだけ。結婚とか家庭とか、そのような話ではない。彼はヤマトの会社から沖縄に派遣されたが、任期をおえて帰ることになった。私は辻遊郭の水商売、無言のまま手を取り合い、見合っているだけで別れることになった。翌日、ヤマト行の大きな船に乗って泊港を出て行った。別れて部屋で面影を偲びながらハンカチで顔を覆った。店の客は絶え間がない。接待も必要であるが、別れた彼の面影は消えない。どうしよう、アンマー（雇い主）に相談することもできず、ただ日夜を過ごすだけ。

《義理ともて恋路・忘られてからや・ぬゆでふみ迷て・浮名たちゅが》

義理と思っても彼の話が何度か持ち上がる。それも浮世、ユメに踏み迷って浮名が立つのも浮世と言えよう。切なく悲しいことであるが、今も昔も変わらぬ習わしかも知れない。そのような意味である。

随想

男たちの遊びどころ、那覇の辻遊郭は琉球王府時代の1526年に始まって、その後の1672年、尚貞王によって仲島、渡地の遊女を辻に集めて公認の遊郭にしたと郷土史に出ている。王府公認ということであるが、それはヤマトの人を持てなす意味が大きかった。それぞれ客の階層が違っていて、辻は最高級で支那（中国）の冊封使や薩摩の役人をもてなす遊郭として活用された。

辻へ売られる少女たちは早ければ4、5歳で、遊郭のしきたりや芸などを仕込まれ、一般的に15、16歳から売春をさせられたという。ほとんどが貧しい家庭の子たちで、よく「男の子は糸満売り、女の子は辻売り」と言われた。男の子は12、13歳になると危険を伴う魚捕りに使われた。女の子は男好みのするきれいな着物を着て、たまに自家に帰ってくると、周囲の女の子たちがうらやましがったとの話もある。それでも辻の街に帰れば恋もままならず、身売りしながらの苦と楽が交錯する生活を強いられた。

王位安泰願う方策

よしゃいなう節（二揚調）

十日越の夜雨
草葉うるわしゅす
おかけぼさへ御代の
しるしさらめ

歌意

古い琉歌「よしゃいなう節」は、身分の違いすぎたために及ばぬ恋のはかなさと、募る想いを表した歌である。夕刻、空を見ると曇っていた。10日間を過ぎてやっと夜雨が降った。土地も潤って農作物の出来がよろしい。安泰、それこそ首里天ジャナシーがお掛けになっている平和な御代のしるしではないか。10日越しの夜に降る雨となれば畑仕事も休んでいる時間帯、また太陽の光が当たらない夜間に降る雨は農作物に適した天候である。そうなると草葉は潤うし、争いもなく世は栄える。その平和な世の中にお掛けになっているウシュガナシー（王様）は、いい時代の象徴、いい印である。

随想

かつて琉球王国では、日照りや旱魃が人びとの生活に影響してきた。国王の指示によって島をあげての「雨乞い」の儀式をおこなったら、雨が降ってきた。王の権威というより天の恵みである。天の恵みとはいえ、農、漁業者にとって10日越しの夜雨が一番幸せである。昼、農者は畑に、漁業者は海に出る。昼に雨が降ったら畑仕事ができない。幸せをもたらすのが「10日越しの夜雨」で、それは首里王府の安泰にもつながる。

「よしゃいなう節」はこのような儀礼を背景に、実り豊かな世は国王の徳の高さのたまものであると、国を繁栄に導く歌である。

そのむかしの12世紀、7か月も雨が降らず、畑は乾燥し、田んぼは稲が枯れ果てて、農民だけでなく住民の中には餓死する人もたくさん出た。川の水どころか、青かった夕菜の葉も茶色く黄色く、山の松は枝だけ残して枯れた。水をくみ取る井戸も底をついていた。

薩摩あたりから野菜などを取り入れようにも、なかなかできない。飢えた人たち、餓死する子もいて手の施しようがない。時の首里天ジャナシーは責任を負って退位した。人々はそれを「ナナチチヒャーイ」（7か月の旱魃）と呼び、現在も「琉球の天候」を示す言葉として残っている。天候が権力を左右する時代でもあった。

乙女心は遊びごころ

立雲節（二揚調）

あがり立つ雲や
世果報しによくゆり
遊びしによくゆる
はたちめわらべ

歌意

「東から太陽とともに立つ雲は明るくてきれい。これから遊びに行こうと木陰に休んでいる20歳ごろの娘たちもきれいなこと。見とれていたのにどこかへ行ってしまったさ」このように思う。年ごろの娘たちは、色気に先立つ美しさを見せてくれる。若くみずみずしい肌もちは右も左も、後ろから見ても若々しさがあふれている。木陰が体を包み込み、あるいははねのけて雲と日が朝を迎えたばかり。若者たちが手を取り合って道行く姿を見た。どこへ遊びに行くのだろうか。ともに行きたいと思ってもヤボである。手を振り振り次郎は我が家へ戻った。家では年取った父と母、嫁に行きそびれた28歳の姉がいた。遅ればせながら、にっこり笑って朝食をとり、「カナーヨー面影の立てば宿に居らりらぬハルヨンゾヨー」の小歌を思わず口ずさんだ。

ユメにさえ現れぬあの幸せな乙女たち。あの青松と川の流れのすばらしさ。20歳美童、あの松と川の近くに行くと言っていたが、そこにはいなかった。どこへ行ったのか親たちも咎めようとしなかった。多分隣りムラに流れる小川で若肌を清めたのではないだろうか。

随想

いかに貧しくても太陽はまんべんなく明るい。芸能も豊かである。かつて琉球王国時代であった沖縄は、支那（中国）や日本、東南アジアの影響を受けながら、自分たちの芸能を造り上げてきた。沖縄の芸能といえば「宮廷舞踊」と「民俗芸能」に分けて考えてよいと思う。宮廷舞踊とは、中国や日本からやってくる使いの人たちを持てなす芸物で、とくに中国の使節に心を配ったものである。首里城を中心に行われた「組踊」や「御冠船踊り」

などがあり、とくに「組踊」が感動を与えた。組踊は沖縄独特の芸能で、歌と三線と踊りを組み合わせた芸は他に見られない独特の舞台であった。

一方、「民俗芸能」は沖縄各地の年中行事や祭事などに行われるもので「獅子舞」や「エイサー」（もしくはヤイサー）、「民謡」などがある。

このように、沖縄はむかしから芸能の盛んな地域であることから「芸能の宝庫」とも呼ばれた。琉球王国時代の文化が、今日でも受け継がれている。

邪気払い若鳥屋根の上

白鳥節（二揚調）

おねの高ともに
白鳥がいちょうん
白鳥やあらぬ
お姫なりおすじ

歌意

那覇の泊港にヤンバル船が入港している。帆を揚げる高い艫《とも》に白鳥が止まっていた。「あれ？　近くで見ると鳥ではなく白衣の若々しい女性」であった。むかしは「女性を船に乗せるな」という説があった。ひとつの想像であろうが、魚を釣る仕事は男がするものであって、女を乗せたために魚が逃げてしまったともいわれた。女を危険な漁業にたずさわらせるのは、むしろ邪魔になると思われていた。
沖縄は暖かい。冬を越すために海岸へ飛来してくる鳥も多いらしい。毎年のように渡り鳥のサギが飛んでくるのも話のタネになる。サギは絶滅危惧種で、東アジアにだけ生息する鳥だという。県内には例年20羽ほどが飛んできて、河口や干潟などで半年間すごして飛び去るのを見かける。

随想

戦前、数隻の黒船がヤンバルから中城湾に航行してきて場天港に近づいた。大きな白鳥が甲板に止まっていた。珍しい白鳥と思っていたら白い着物を身に着けて身動きもせずに座っている女性であった。女子は船に乗せないのに白鳥のように形が美しく見えるのは男の夢かも知れない。
正月の元日には若水を汲むが、そこにも白衣の、かわいい娘さんがいた。それと先ほどの「白鳥娘と混同した」ということか。
《若水に面洗て・わが姿若くなて春や・ともどもに遊ぶ・今日のうれしゃ》
正月の「若水」と「白鳥節」同曲の歌である。お正月に汲む若水は、一年の邪気を払うといい、祭りの神に供えたあとに家じゅうの者がお茶をたてて飲むところもあったが、それはほとんど子どもの健康祈願になっていた。昔は集落の水溜から汲んでいた。子どもの健康と水は付きもの、船に乗せない若い女性も付きもの、若水は宝であり、健康保持の薬水でもあった。

鳥さえ聞くほど美声歌

百名節（二揚調）

北谷真牛ぎゃねが
歌声うちだせば
なかべとぶ鳥も
よどで聞きゅさ

歌意

「北谷真牛が歌声を出したら、飛んでいる鳥も翼を休めて聞き入った」ということ。それほど真牛の歌は魅力たっぷりであった。「隠れ思里がきけば……」という歌もあって、またそれにひっかけた歌が生まれる。

《なかべ飛び鳥や・聞きらはんよたしゃ・かくれ思里が・きかばきゃすが》

（飛んでいる鳥のさえずりを聞くのもよいが、親に内緒で他所にも隠してある彼が聞いたらどうしようかな）

気恥ずかしさを押し隠しての愛情である。まるで本歌に次ぐ歌であるが、彼女には好きな里主がいたのだろうか。要するに、もてる女性には彼氏をつけるのが当たり前みたいな古歌であり、それが歌ごころというものであろう。

随想

真牛は北谷《ちゃたん》の人で、美声の持ち主ということであるが、生没の年はわからない。伝説上の歌声とはいうものの『琉歌百控』に美声が紹介されている。琉歌百控は三線にのせて謡う歌を節によって編集した琉歌集で、６０２首の琉歌を配した歌集である。作者は北谷按司に仕えた女性ともいうが確証はない。真牛は北谷グスクの中腹にある墓に葬られているとの説話があり、北谷では実在の人とされている。『琉歌百控』は最古の琉歌集のひとつで、琉歌を三線歌謡としてとらえ、節曲を中心に編集してある。編者は不詳であるが、書写本は上中下の３巻からなっている。

見よ村びとのもてなしを

古見之浦節（二揚調）

古見浦の八重岳
八重かさべ
みよそこいつも
見ぼしゃばかり

歌意

八重山古見の浦の八重岳に登ると、沖縄本島とは異なる景色に目を奪われる。いつまでも見ていたい気持ちになるほど美しい。この歌は古典工工四にあるが、民謡になると3節まで続く。八重山の人たちの説明によれば、石垣島の里主、つまり役人が公用で与那国島に渡ろうとする途中、季節風に吹き荒らされて、西表島の古見の浦に停泊を余儀なくされ、ムラ人の厚いもてなしを受けた。その状況を歌に仕込んだのが「古見之浦節」という。

この歌の「見ぼしゃばかり」は「西表の女性」との説明もあったが、無人島のそれは架空の女とも言われている。山や海の雄大な自然が作りなした風物には対象としての「美」がある。沖縄南の「アカバンタ」、中部の「万座野」、北の「辺戸岬」を含めて奄美の「あやまる岬」、久米島の「比屋定バンタ」、宮古島の「東平安名岬」、石垣島の「平久保崎」、与那国島の「東崎《あがりさき》」など、沖縄の自然には南国の特色がある。八重岳に登って見る古見の浦はいくら眺めても「見ぼしゃばかり」であろう。

随想

手つかずの自然が残る世界の自然遺産の島・西表は先にも紹介したが、島のほとんどが亜熱帯のジャングルで、西表石垣国立公園にも指定されている。よく知られているイリオモテヤマネコが生息する島、または2021年7月に「奄美大島、徳之島、沖縄島北部」と同様に世界遺産として登録されている。

島の中心部のほとんどはジャングルをなしていて、立ち入ることもできないほどである。

西表島は面積から言えば沖縄本島に次いで、県内で2番目の大きい島にもかかわらず人手がほとんど入っていないところとしても珍しい島で、県内にはあまり見られない川幅の広い浦内川や仲間川を有し、山が連なる地形のため迫力のある滝も多く、その自然を生かしたリバークルーズやトレッキングが人気である。また、島を取り囲む海がきれいで、外国からも多くのダイバーが訪れるスポットとなっている。

機織りの手にも愛情込め

七尺節（二揚調）

七よみとはたえん
かせかけておきゆて
里があかいず羽
御衣よすらね

歌意

「機織りの七読み八読み、カセをかけて着物に仕上げたい。そしてトンボの羽のような御衣そのものを着せてあげたい。彼は私の気持ちを知っているのかな」

そのような歌である。女性の機織りはその気分でもある。愛する彼、好きな男、それを胸中に込めながら無言で織り上げる。タカハタ・ジーバタで機織りをする女性の夫は、外で畑仕事をする。彼の留守をあずかる身には夫の苦労がわかるようなわからないような。それを思えば、つい機織りの手にも熱意がこもる。やはり機を織りながらも想いは広がっていく。

《わくのいとかせに・くりかへしかへし・かけて面影の・まさてたちゅさ》

枠の糸枷を重ねながらも想いは増していく。言葉に出さないだけに想いは大きくなるばかりであった。むかしの機織り女性たちの気持ちを汲んだいい表現歌であろう。

随想

昔の織物は、糸を縦横に組みあわせて作った布地であった。その織り方には、涼しく織り上げる、あるいは温かく織るなど、技法があった。出来上がった織を着物にするとしても、里主の身丈に合うように仕上げなければならない。その機織り仕事こそが沖縄の女性たちの特技だったと言えよう。

《かせかけてとぎや・ならぬものさらめ・くりかへしかへし・思どましゅる》

カセを掛けるだけでは枷にならない。かけて終わって彼に合う着物に仕上げて着せてやりたい。それで初めて里主の愛を受けることになる。「かせかけてとぎや」の伽は「ユートジ」ともいう。夜遅くまで起きていることで、機織りだけでなく帽子あみなどの期限付きもあった。とくに帽子あみは手間賃受け取りの勘定前になると夜業にもなり、愛する彼に抱きつきたい心を抑えながら、女性たちの苦労は絶えなかった。

悲喜こもごもの涙あり

揚七尺節（二揚調）

涙より外に
い言葉やないらぬ
詰めて別れち（じ）の
近くなれば

歌意

いずれにせよ別れは辛いもの、「さよーならー」だけではなく、また会えるご縁であって欲しいという思いもあるだろう。

《かしらよひかはち・赤おびゆ締めて・わ身つれて御たび・いきやならね》

頭髪の結いを交わして腹の赤帯も締め直しての友情であり、ともに誘い合っての旅立ちであった。男同士の友情、ともに揃って旅もしたのに、仕事の都合で間もなくお別れの時がくる。男でも涙で抱き合う以外に言葉もない。ただ時間が過ぎて行くだけで心をいらだたせる。別れ路となれば言葉もなく手を握って涙だけ。

「別れ」にはいろいろある。親しい友とのひとときの別れにせよ、永遠の別れにせよ、別れの日が近くなれば寂しいもの。永遠に会えない別れほど、悲しい別れはない。親子、きょうだい、友や夫妻、幼なじみ、それぞれに仕事が異なるとは言え、「あきらめ」が消えてしまうまで心の重みは消えない。生涯、消えない別れもたくさんある。

随想

人間は男女の別なく悲しい時も嬉しい時も、また感動した時も涙を流す。それが強くなると「声も涙も涸れ果てた」となる。

《つれなさやふたい・人に生まれとて・あわれ生き別れ・するがしんき》

夫と妻の別れにもいろいろある、喧嘩別れなら未練はない。愛していながら家庭の都合で別れることもあるし、死に別れもある。それは親子、夫婦、きょうだいなどにも言えることであろう。嬉しい「別れ」もあるではないか。他県への子どもの進学、夫の出世。哀れな生き別れではなく「未来を夢見る生き別れ」である。

コトバはいろいろ、成り行きもいろいろ。涙を流すにしても悲しい涙とうれし涙の違いがある。かつて、南城市のシュガーホールで、学校が異なる小学5年、6年生たちの芸能大会があった。子ども「馬山川《バザンガー》」はこっけいな表情の美男美女が珍問答を繰りかえしながら仲よしになる喜歌劇で、劇が終わると、男の子と女の子が手を取り合って笑って別れた。涙を浮かべての感動の表情が美しかった。

ムラの象徴コハデサよ

屋慶名節（二揚調）

屋慶名こはでさの
下かげに頼て
夏やすだすだと
遊びぼしゃの

歌意

「与那城ムラの屋慶名道並みに根を張っているコハデサは日蔭をつくって、夏の暑い日も涼しくしてくれる。そこに揃ってゆっくり遊びたいね」

小学生の子どもたちが手を取り合っていた。与那城間切の集落といえば屋慶名である。与勝半島の北側に位置しており、規模の大きい集落で、この「夏やすだすだと」コハデサが集落を囲むように茂っていて集落の象徴にもなっている。養豚が盛んで、サトウキビづくりにも精を出して、農にいそしむ人たちが集落を盛り上げている。

屋慶名の港は浜比嘉島、津堅島を結ぶ船の出入港としての役目を果たし、また対岸の平安座島に通ずる海中道路の起点としても成り立っている。

約2キロほどの東にある藪地島は無人島であるが、屋慶名と「藪地大橋」が架っていて、島の洞窟遺跡はジャネーガマと言い、もの珍しげに訪れる観光客も多い。子どもたちも行き来して、島は屋慶名とともにすがすがしい雰囲気を醸し出していた。

随想

ムラを訪ねると、ここでも自然に恵まれた屋慶名らしい機織りの音がかすかに聞こえた。「子どものために、親のために、肝ごころはあだにならないよ」

それは神の助けという。あの優しげな音は誰のために織るタカハタの音であろうか。愛する人のものか。親思いの子の励みも神のお助け、祖先のお力によっての技につながる。手の動きが自らも嬉しくなるだろう。

女性たちの精励は家庭菜園の野菜づくりにもあった。暖かい気候を利用して、さまざまな野菜が庭の空き地に茂っていた。ゴーヤーの棚があり、大小の実ができていた。地上にはカボチャ、サヤインゲン、キャベツ、レタス、オクラも青い葉を見せていた。また冬瓜《シブイ》をつくっている家もあった。ホウレンソウの家もあった。女性たちは沖縄野菜を育てて、家庭料理に使っている。プランターでも元気に育つらしい。屋慶名の家庭女の智恵勝負のようであった。

菊枝にも肝ごころあり

伊豆味節（二揚調）

菊見しち戻る
わが宿のつとに
あたら花やても
一枝折たる

歌意

野に赤く黄色く咲く菊の花がきれい。菊見のすばらしい花である。つい、わが家のお土産に一枝折って持ち帰った。これは本部の伊豆味は山手の、ささやかな集落での話である。菊は庭木にも多く見られる花で、資料によると菊は奈良時代に中国から伝わり、江戸時代に入ってから改良されて「江戸菊」「嵯峨菊」「美濃菊」など地域名を冠してカテゴリー分けされたと言われる。沖縄には薩摩を通しての美濃菊などが多いと言われるが根拠は乏しい。欧米で生み出された小菊は「洋菊」とも呼ばれ、花弁の形状がさまざまであった。

随想

9月9日は重陽の節句で、節句はそれぞれの植物が象徴する。桃の節句は桃の花、端午の節句は菖蒲酒、そして重陽は菊の花を飾る習慣があった。したがって別名を「菊の節句」ともいうが、現在は重く用いていないような気がする。

もちろん五節句（1月7日の人の日、3月3日の上巳、5月5日の端午、7月7日の七夕、9月9日の重陽）のひとつで、旧暦の9日のことである。台湾、中国、香港、ベトナム、マカオあたりでは伝統的な祝日になっており、それは後漢以前の文献でも確認されていると、資料に出ている。中国から来た陰陽思想では、奇数は「陽の月」であり、陽の極である「九」が「菊の季節」になったとの説がある。

月夜に集えど女たち

さあさあ節（二揚調）

いそぎ立ち戻ら
月も眺めたひ
里やわが宿に
待ちゆらだいもの

歌意

「さあさあ遊ぼう」十五夜の月が山と海を照らしていた。むしろを敷いて4、5人のおばさんたちがおしゃべりしながら月を眺めているうちに時も過ぎてしまった。わが家では里主が待っているはず、さあ帰ろう我が里主（彼）のもとへ。

夏の夜、昔はよくクバ扇を片手に「月眺め」をした。年輩者は十五夜、若者は十六夜《いざよい》に野遊び（モーアシビ）をしたとの伝えがある。おばさんたちは月も眺めながら「里主は留守番でしたか」とよく話題にした。若い男女とは別に、昔のおばさんたちは月夜の晩、早々に夕食の芋と油みそを仕上げて里主に差し出し、自分は押し込み姿（ウシンチー）をして小魚を口にはさみ「さあさあ」と出かけたものである。

中年のまじめな里主ほど孤独であった。街頭電気どころか道は竹林の石ころ道、山は松林の時代で、ときどきハブも出たという。毒ハブに手か足を噛まれると、毒が全身にまわらぬよう、「手や足の上でなく手の下、足の下をくくり、傷口を吸い上げる」といわれた。医学的にはどうかわからないのに、そう言われていた。

随想

十五夜の月見は、夏空の美しい満月をただ観測するだけではなく、沖縄でも本来は秋の農作物の収穫に感謝する意味があった。夏に育った琉球芋が美味しく、昔は月を眺めながら芋の皮を剝いて、油みそを付けながら戴いたものである。十五夜の月は年によって曇ったりする。年寄りたちは「晴れるといい年、曇ると普通どおり、雨になれば気をつける年」と言っていた。月の満ち欠けが豊作と凶作につながったものである。

いまはほとんど太陽暦を使うようになったが、沖縄の旧盆と旧正月は生きている。月見も沖縄では旧暦8月15日の夜であった。旧暦は空の月の満ち欠けを基準に作られていて、そのため13日から16日の変動を農作物の取り入れに関連づけていた。ちなみに歌にも見られる「十三夜」は旧暦の9月13日の夜、10日夜は旧暦10月10日になる。「中秋の名月」は、当然ながら十五夜の月である。

遊びを知らぬ首里女

浮島節（二揚調）

遊びぼしやあても
まどに遊ばれめ
首里天ぎゃなし
お祝やこと

歌意

首里王宮に仕える身になると、普段は遊びに出たくても出られなかった。「今日は首里天ジャナシーのお祝いですから、とがめられることもないので、思い切って遊びたい」。これは首里の女たちの切なる願望であった。王府時代の宮仕えは威厳を保つため、規則に縛られて窮屈であった。いつも襟を正し、髪を高く結んでお天ジャナシー（首里グスクの王）

の前で畏まっているので、身勝手に遊ぶなんてできない。ところが今日はお天ジャナシー（ウシュガナシー）のお祝いごとである。（今日の誇らしゃや……）「かぎやで風」に始まる重々しい古典の三線が鳴り響く。首里城北殿では若い男女が扇子を広げてきれいな舞いをしている。普段は遊べぬ首里女、こういうときにこそ大いに遊ぼうではないか、お祝いだもの。《赤田門のおすく・枝もちのきょらしゃ・城めやらべの・身持ちきよらしゃ》

赤田の御門にあるウスクの木は、枝ぶりが美しい。そのきれいな枝ぶりを見ると、グスクの奥で暮らしているミヤラベ（美童）たちの身持ちのよさもよくわかる。

随想

赤田門は首里赤田に面して建っていたから、俗にその名になっていて、城内でも通用した。正式の中国名は「継世門」で、王位継承の際はこの門から世子が参入したという。それで昔は「へそつぎおじゃら」（世を継ぐ）とも言われた。

ウシュガナシーを讃える歌に次の2首があり、北殿の歌にもなった。「かぎやで風」の曲に乗せて30人が三線合唱したと伝わっている。同じ浮島節で、このようにも歌って久方ぶりの座を沸かしたものである。

《道々の巻うたて・遊ぶみろく世の・世の世果報も・近くなたさ》

赤田門から首里大道に出て遊ぶことになった。今日のこのとき、世の中の果報も寄ってくるよ、と女たちは足を速めた。

赤田御門《アカタウジョウ》ともいうこの門は、首里城の第3門で、正殿の裏側にあたり、日常の通用門として使われた。また、国王が死去の場合は世継ぎの王子がこの門を通って城内に入った。ちなみに、先の戦争でアメリカ軍の爆撃によって壊されたのを、1998年3月に復元し、歓会門、久慶門とともに外郭の3つの門が完成した。

友呼び遊ぶ浜辺にて

前之浜節（二揚調）

前の浜に前の浜に
連れ飛びゆる浜千鳥
とも呼ぶ声は
ちりちり
ちりちりや

歌意

那覇の港近くの「前の浜辺」に千鳥が飛んでいる。チーチーと友呼ぶ声は届いたかな。羽を広げて来てくれよ、友が揃って遊びたい。呼び声が届いたのか、千鳥が2羽3羽飛んで、さらに千鳥を呼んでいるように優しく鳴いていた。この歌始めに「エイエイ・エイエイ」のかけ声があるのも、千鳥を呼ぶ声に似ていて、三線を弾くのが楽しくなる。

口説形式なので、二才踊りらしく手際のよさで踊らないといけない。「前の浜」とは、那覇港北岸あたりの地名といわれる。その昔、北と南を結ぶ渡し舟が通っていて、騒々しさのない海辺で飛び交う浜の千鳥がみられた。飛び交う鳥に渡し舟の風情が三線音楽となり、振りつけて踊りに結びついたといえよう。地謡による「エイエイ」のかけ声が踊りを引き締める。

随想

那覇の街から南東部に位置する小さな島が「渡地」である。辻・中島とともに遊郭があり、男たちのよい遊び場であった。北は唐船が行き来する小堀があり、そこを挟んで、西は港になっていたので小舟が昼も夜も行き来して人を乗せた。

郷土の作曲家・宮良長包の歌に《あれは待つ子よ砂浜伝いポッポ・みんな仲よくかくれんぼ・ちいちろろ岬で鳴くよ・海は寒かろ冷たかろ》という歌がある。別に渡地に限ったことではないが、《渡地の渡し舟・漕ぐ舟の櫓の音が・からりころり漕げば行きやり・つきゃり》「渡地は風だよ・きょうも泊り船」という長包の歌には、何かしら渡地を詠んだのが多い。

渡地は華やかで「三大遊郭」(辻、中島、渡地)のひとつでもあり、浜を出る渡し舟が櫓をこげばからりころり、まるで三線音楽の拍子とりみたいであった。近くの島々まで、行ったり来たりする小舟が時間をつくりあげていく。しかし今は前の浜も渡地も姿を変えて、よい街並みとなった。それこそ「今は昔の物語」である。

守り給えよヤマト旅

坂原口説（二揚調）

神や仏も
守りてたまえ
こんどヤマトはや上る
のぼり下りも灘安かれと
もとの沖縄にはや帰る

歌意

「海荒く船も揺れるが神様よ仏様さまよ、お護りくださいませ。沖縄に早々と帰る時もお護りくださるようお祈りしたい」

これは旅の安全を祈る三線五、七、五の「口説」である。薩摩の侵略以後、沖縄には日本調のたくさんの「口説」ができた。本調子の「上り」「下り」をはじめ「四季」「十番」「道輪」「早」「花」、組踊の「口説」まで限りがない。「口説く」という日本語は、こちらの意向を相手に承知してもらおうとして熱心に説いたり頼んだりすることであろう。例えば、自分の愛情や恋心を受け入れるよう、男性が女性を説得する、言い寄ることそのものが口説くことである。口説き過ぎると訴えられたりするから、ヤマト言葉からすれば、いい表現ではない。では、どこが違うのか。前項とおなじ宮良長包の歌で、口説調と異なる《海はほのぐら船路は遠くアイヨ・遠く見えます灯が走る・走れ灯りよ口笛ならせ・海は寒かろ冷めたかろ》というのがある。長包歌の作品のなかで、これは沖縄の海辺を歌った、日本の長音階なので、沖縄的情緒をあまり感じない。口説リズムから抜けようとする長包の気が伝わってくるような気がする。

随想

口説は琉球王府の使者が公務で薩摩へ赴くとき、引き続き江戸へ向かうときの励ましで、琉球音階の8・8・8・6調を退けて7・5調にした。三線の本調子も工工四で弾きやすくしている。この形式の歌は、かつて日本の本土より伝わった節回しで、7句と5句を繰り返すリズミカルな「道行き」の情景を描きだしながらヤマト言葉を用いて歌われている。

組踊では「道行き口説」とも言う。そのように考えていくと沖縄の三線音楽にのる「口説」は軽くなる感じであるが、あえて「クルチ」もしくは「クドウチ」と言わせたことに、意味があろうと考える。薩摩の島津は占領当時「琉球は日本に含まない」と主張した。鎖国政策をとっている江戸幕府の手前、交易を広めていた琉球を日本の圏外に置いた方が経済的に助けられると思ったからである。それでも琉球は薩摩の不当な支配であることを示すために、日本との交流を政策として推し進め、日本文化を多くとり入れるように仕向けた。数多くの口説がそうである。三線に乗せることで心情的な温かみが生まれ、それが日本に寄り添う琉球の政治姿勢にも関係してくる。

親川につどう水の神たち

与那原節（二揚調）

与那原の親川に
天降りしゃる乙女
あまん世の中の
近くなたさ

歌意

親川は、地下水に恵まれない与那原の水どころ。その神聖な水どころ「親川」に乙女姿の神様が天衣を翻して降りてこられた。それは豊かな時代を象徴している。「あまん世」、つまり豊かなその時が近くなっている。歌継ぎ「エイスリスリ」に声合わせ、歌詞を変えて舞踊曲にもした。戦前、大里村の一字（あざ）でもあった与那原は、作物づくりの畑が少ない。デイゴの大木に囲まれた親川広場は水どころであり、与那原町民の憩いの場であり、団結を示す場としても親しまれている。

水は宝、親川は天女が御子を出産し、泉の水で産湯を浴びたとの説話がある。沖縄には子授かりのパワースポットが数多くあるが、与那原親川もそのひとつと言えよう。

随想

与那原の地名は、かつて與那の海岸地であったところの名称であると、古老たちは語っている。先史時代の面積はきわめてわずかで、中城湾の白い砂浜が続く入り江を前にした浦辺の仙境であったと記念誌にも出ている。与那原の代表的な民俗行事である大綱曳きはここから出発する。

ヤンバル系も多いこの綱曳きの始まりは、1500年代の尚永王時代にさかのぼると言われている。現在まで440年余の歴史を誇ることになる。豊作祈願の神事として始まった大綱曳きであり、本来旧暦6月26日におこなわれ、ムラ内の拝所に来年の豊作や住民の健康を祈願して行列にはいった。浜辺の広場で曳き、綱の右が勝てば豊作、左が勝てば豊魚ともいわれて熱が加わった。曳き終えた大綱はここの資料館に翌年まで保存した。親川では地元の女性たちによる賑やかな集いもある。秘められている土地の歴史は重いと思う。

子守歌にも按司の御衣

遊子持節（二揚調）

いようようい・いようようよい泣くなよう
わが按司のとび御衣（んす）
わが按司の舞い御衣
六つまたの倉によう八つまたの内によう
稲束の下によう粟束の内によう
置きふるみしちょうんよう
置きざみししちょうんよう
寝なしおきて泣くなよ
泣かなければ呉ゆんよう
遊ばわど呉ゆんどう

歌意

背におんぶした子が泣きだしそうになる。「ネー泣かないでね、あそこの六つまた、八つまたの倉に按司ジャナシーの御衣があるよ。大きな稲束、粟束の内にも隠して置いてあるよ。寝ても起きても泣いたら按司ジャナシーのきれいな御衣もらえないよ、泣くなよ、泣くなよ、泣かなければあげるよ、泣かずに楽しく遊ぼうよ」

子を背負っての「いようようい」が実感を伴う歌として、むかしはよく歌われた。「按司ジャナシー」といえば集落の支配者で、年中行事のムラ芝居で踊る時も真っ先に踊り衣装をつけて舞台に立った。それは子どもたちのあこがれでもあった。その衣装をくれるというのだから泣き止むのは当然であった。「あこがれ」を示すむかしの子守歌であった。

随想

幼な児を背に負いながらの子守歌であるが、やはり時代を感じさせる。按司ジャナシーの御衣といえば飾りが多く、しかも、それは身を護るとともに攻撃性を備えた武具である。子どもたちにとっても勇ましく見えて、泣く子も声を潜めて見入ってしまうほどであった。

それを子守歌に仕込むというのは、さすがに時代の人たちの思考であろう。

沖縄の子守歌は、大きく二つに分類できる。なかなか寝付かない子に、怖い話を聞かせて何とか寝付かせようとするもの。背負っている子がわかろうがわかるまいが、言葉遣いで寝てしまう。もう一つは、子どもの成長発展を願っての優しい歌。怖い子守歌のひとつが「大村御殿」で、似たものに竹富島の「コネマヌ泣くか」がある。宮古島の「ばんがむり」や多良間島の「ばがむらぎ」などもある。

宮古島の子守歌は圧倒的に多くなっていて、それは「子守」という労働のとらえ方や制度によるのかも知れない。ヤマトでは貧しい家の子が家計を助けるために「子守」という労働をさせられた。そのため「五木の子守唄」のように、悲しい境遇を歌った子守歌や、怖い意味を込めた子守歌が多く生まれたのではないだろうか。沖縄でももちろん同じような子守の在り方があった。むしろ人間の結びつきを大切にする「チョーデーグァー」（きょうだい大切）のコトバがあった。

北山攻めの物語

荻堂口説（二揚調）

北山くずれの其先　本部大原　今帰仁城に軍押し寄せ
水ももらさず取りよかこかこめば

按司の大将平敷大主　やぐらの上より敵を見下ろし
日ごろ手なれし五尺あまりの（長刀打っ取り）
城門おしあけ　よられ（よられ）と立出て
大勢群がり（集まる）中に（わっ）と飛び入り
人なき所をゆくが如くに　たてさまよこさま
切りよめぐれば　敵の軍勢（あらしに）
（木の葉の）飛ぶがごとくに

四方へ（さっと）（引きよ）退く

あっぱれ稀代の名将　神か仏か

さて（さてさて）

歌意

佐敷から首里へ上った中山軍による北山攻め。難問題と言われながらも裏切りの北山武将がいたりして、1416年についに落城した。歌詞はその戦況を語る。北山王国は今帰仁間切を中心にして、三山時代（北山、中山、南山）は中国や日本とも交易して栄えた。この口説は当時の戦争状況を詳しく説明している。14世紀から16世紀にかけて琉球は中山、南山、北山の三山に分かれ、それぞれに統治形態を保っていた。三山時代までの中山は浦添から首里に移って都を形成し、南山は農耕に適した南部の豊見城地域で豊かな土壌作物を取り入れていた。北山は奄美大島から金武間切までを治めて中国や東南アジアとの貿易も盛んであった。

その時代、最大の貿易国である中国唐の国（明国）から注文が出た。「琉球は小国ながら交易が盛んで、唐の国としても相手国として重視している。しかし、小さい島が三山に分かれていては交易がやりにくい。統一したらどうだろう」ということであった。そこで尚思紹王統が佐敷を拠点に首里を攻めて都を首里に移し、南山を手に入れ、北山攻めとなって、やっと三山を統一した首里王府、つまり「琉球王国」ができ、それだけ一国の交易を広げた。北は奄美大島から南は与那国島までを版図とし、アジアの海上貿易のハブとして重要な役割を担った琉球王府、その歴史は１４２９年の第一尚氏・尚思紹王統によって、初めて開かれたのである。

随想

北山城主の攀安知《はんあんち》が王として北山を治めていたころ、志慶真ムラに乙樽という美女がいた。その美しさは周辺のムラでも評判で、乙樽はやがて「今帰仁御神」と呼ばれて人びとに敬われ、その優しさと美しさは今帰仁城にも届き、王に召されることに相成った。乙樽にとって幸せこの上なく、歌にも詠まれるほどであった。《今帰仁のグスク霜ないぬ九年母・志慶乙樽がぬちゃいはちゃい》。今帰仁のミカンは遅くからも花を咲かせる。それは乙樽が首にかけたりはいたりするようなものであった。

乙樽は王の寵愛を受けて、自分でも「何不自由のない王妃生活」と自惚れていた。しかも世継ぎが生まれた。これまで、先の女性たちとは王位継承者が生まれず、王はイライラしていたのである。北山王はやがて病に臥すことになり、身動きができなくなったが、そのころ乙樽のお腹から王の子が生まれた。しかし、王の病気は回復することなく「臣下を大切にするよう」言い残して亡くなった。その後にすくすく育った子は千代松と言い、世継ぎとして成長した。今帰仁のグスクで開かれた出産祝いは父王の遺言どおり盛大であったが、臣下のひとり本部大主が謀反を企て、言い逃れてグスクを出ると部下を伴って攻め入った。落城したとき危うく千代松を伴って逃げた乙樽はかくれて千代松を育て、大きくなると千代松は丘春と名を変えて仇を討った。その後、母の乙樽は北山最高のノロになって神祭りにたずさわったという。このいきさつを述べた「荻道口説」は、丘春が本部大主への仇討ちを唱えた内容になっている。

義理と人情に別れ辛さ

東江節（二揚調　アーキーは省略）

義理ともて二人
ひま呉てあすが
まこと別れよる
きわになれば

歌意

名護の東江《あがりえ》はロマンあふれる里である。名護の東に位置し、歴史的にも古い形を秘めていて、かつての白い砂浜が見られないほど整備されている。コーチマタの上流を水源とするアナダ川（幸地川）が名護湾にそそいで、名護入り口の大ガジュマルとともに人々を立ち止まらせる。集落はジンガムイ（森）のふもとからアガリ浜の方へ伸びている。丘付近に番所跡、根神ヤーなどが見られるのも歴史を思わせるし、隣りの大兼久とのあいだには水田が見えており、それがヤンバル名護のムラ里を感じさせる。

　東江には溝原貝塚があり、そこから貝塚時代の土器や貝殻などが堆積していて、それが名護の遺跡となっている。幸地川にかかる橋の傍にヒンプンガジュマルがあり、その下に乾隆15年（1750）に建立されたという「三府龍脈碑記」があった。琉球の都を名護に移そうとする論と運河開発論を否定する立場をとった三司官の蔡温が、なぜ名護番所に近いこの場所に碑を建てたのか、要するに「琉球の都は首里、名護に移さない」との、彼の念頭にある中国系久米人の意向が示されているではないかといわれている。

「まこと別れよるきわになれば」にちなむ次のような話があった。久志の間切支配で名護に通う男性がいて、いつもそこにいる娘に水を汲んであげていた。桶水は受けとらず「手水汲んで」、二人は恋仲になり、ジンガムイ近くで毎夜ウミモーシガーという海岸でデートした。しかし、その仲を知った娘の親が反対し、娘が知らないところで男を連れ出して殺してしまったのである。娘はそれも知らず、いつものところで待っていたが男は来ない。変に思ってムラ人の話を聞くと、男が殺されたことを知り、自分も海に身を投げて自殺した。それから、ジンガムイの近くに二つの遺念火がでるようになり、二つ並んで森を降り、そのあと、一つは久志に、一つは東江にも下りていったという。二人は火魂となって愛情を見せたのである。親たちもその後に災難をうけて、一家は滅んでしまったとの話である。

随想

かつては名護間切、1908年の町村制施行後は名護が中心地で、1970年8月に名護町と他の屋部、久志、羽地、屋我地の合併後は現在の港一丁目に移転する。1981年まで名護の役所が置かれ、移転後は、旧市庁舎は名護博物館として再利用されている。

細かく言えば東江地域の北側に一丁目があり、二丁目はさらに内側で、名護岳のふもとに位置している。周囲を山に囲まれているため住宅地に加えて大手のビール会社や小さなパン工場などもある。三丁目は住宅地で、四丁目に名護の街区が集まっている。ここは重要な観光コースにもなっていて、国道58号と旧国道に挟まれる地にあり、いまの国道沿いには海岸線だったところに税務署やハローワーク（職安）、さらにはガソリンスタンドなどが立ちならんでいる。多くの門弟を抱える琉球舞踊研究所もあり、優秀な門弟を送り出している。

もっとも南側に位置する交差点は現在の国道が開通してから現新道と旧道の分岐点にな

り、北へ向かって素通りする車が多くなっている。国道西側のディスカウントストア、ビジネスホテル、牛丼チェーンなど五丁目には新しい建物ができつつある。

天女と男の運命

仲泊節（二揚調）

あた果報のつきやす
夢やちゃうも見らぬ
あの松と井（かわ）の
故どやゆる

歌意

男と女、ぜひお会いしたいと思っていましたので果報である。この大きな松の木、そばを流れる井泉の水の音、ユメにさえ見られぬこの日、松の木にも川を流れる音にも感謝。本歌は組踊「銘苅子」の一場面の内容を三線曲に乗せたものになっている。ただ、実際の舞台では本曲は演奏されず、同じような旋律と歌詞を持つ「立雲節」が演奏曲として使われている。那覇市銘苅の公園内の角にその拝所がある。

天女と男の出会いについては「組踊」に示されたとおり、奇異な縁結びを示していて、奇異な関係が中国冊封使歓待時でも演じられた。

随想

天女といえば、静岡市清水区の「三保の松原」に羽衣伝説がある。高い山競争ではなく、伝説によると富士山は天に一番近い場所にあるため、天女が降りて来やすいといわれる。その昔、ある漁師が三保の松原で釣りをしていたところ、一本の松に羽衣が掛かっていた。その美しさを見て、つい持ち帰ろうとしたところ、木陰にいた天女と出会い、天に帰れなくなった天女が妻になったとの物語である。二人のあいだにできた女の子の子守歌を聞いて、ひそかにしていた羽衣を取りだして天に昇っていく。

「銘苅子」のあらましも次のようになっている。畑仕事の帰り道だった。農夫の銘苅子は近くの泉で水を汲んだ。すると急に周辺が明るくなり、なにかよい匂いを感じた。不思議に思い、隠れて様子を見ていると、世にもまれな天女が現れたではないか。天女が長い髪を洗っているすきに銘苅子が羽衣を取ってしまい、「妻になれ」と要求した。天に帰れなくなった彼女は仕方なく銘苅子の言うとおり、妻となることにした。

月日が経って、二人には女の子と男の子が生まれた。子どもたちは成長した。ある日のこと、天女は「家にはきれいなものが天井にある」と何気なく歌う女の子の子守歌を聞き、羽衣が米倉の中に隠されていることを知った。妻は子どもたちを寝かしつけて羽衣を取って身にまとい、こっそり天に昇ってしまった。子どもは目をさまし、母がいなくなったことを知って泣き叫ぶ。明くる日から娘と男の子は毎日母を捜し続けた。銘苅子は「母はこの世の人ではない。あきらめるように」と言いきかせたが子どもたちには意味がわからない。そこへ首里王府の使者がやってきた。使者は「銘苅子の妻である天女は二人の子を残して天に帰ったとのことであるが、天女とは首里ウシュガナシーの王女である」と言い聞かせた。心の広いウシュガナシーは王女を引き取り、孫にあたる娘と男の子二人を引き取って城内で養育し、夫であった銘苅子は、その土地の按司に仕上げた。銘苅子親子は、首里王府への忠誠を誓ったという。

お天気次第の畑仕事

夜雨節（二揚調）

夜雨の降る年
世果報年だいもの
稲粟もなおらし
麦豆もみげらし

歌意

夜の雨が降る年は農民にとってありがたい。10日越しに降る雨は世果報の報せ。それで稲粟も麦豆も芽を吹きだして稔るし、豊作となる。「夜雨節」（ゆるあみ節）は、適度に降ってくれる夜雨に五穀豊穣の祈りをささげて詠まれた三線曲である。百姓が畑仕事をするときの願いを込めた歌で、農村地域のムラ芝居などでよく演じられた。晴れて畑仕事に精を出し、その10日越しの夜に降ってくれる雨はありがたいもの、しかも大雨にあらず適度の降りである。この「夜雨節」は八重山にもあり「ゆるあみ」といって波照間島では「五月雨節」という。天候に左右された昔の人たちの素朴な願いが純粋に見えていい感じがする。

随想

八重山の「夜雨節」は次の歌詞になっている。

《夜雨降る年・世果報でむぬ・スリユバナヲレ・稲粟んなおらし・麦豆んみきらし・スリユバナヲレ・御主貢積ん上げ・御残りぬ稲粟スリユバナヲレ・泡盛ん生らしょうり・うんしゃぐん造りようりスリユバナヲレ》

（夜に降る雨は果報の雨である。稲も粟も芽を吹き出し、御主へ差し上げての残り物で泡盛の酒をつくりあげ、神への供え物にしよう）

この歌は、波照間島が発祥の地のようである。年貢を滞りなく納めることができたという祝意を込めた歌詞になっている。薩摩支配で、むしろ宮古島と八重山が首里王府に搾り取られた時代を示しているようで胸がいたむ。

論語は手習いかがみ

たのむぞ節（二揚調）

小学から読で
大学中庸
論語孟子に
五経まで読で
ちばてすみ読で
六芸習ひて
首里がめいで
わねさだら

歌意

「学問・勉強をたのむぞ若者たち」。礼儀作法を教える儒教で、小学から大学、中庸、孔子孟子の四書五経、六芸まで学んで学を深め、首里天ジャナシにお仕えしよう。それは近世の琉球王国時代、教育の場では道徳の理念を提唱する「儒学」を採用していた。儒学は、中国の思想家である孔子の教えを体系化した学問で、それを「儒教」と言い、四書五経、つまり「大学」「中庸」「論語」「孟子」の四書と「易経」「詩経」「書経」「礼記」「春秋」の五経をしっかり学び、さらに六芸（礼・楽・射・御・書・数）を身につけて王府にお仕えしようということである。

「たのむぞ節」は八重山祖納《そない》湾に浮かぶ小島「まるまぼんさん」を謡ったのと同意で、また「ヒヤマアツタン・タヌムジヨウ」からつけられた曲名と言われる。学問を大切にして権力に仕えるとの「儒教」の教えは、昔の四方（東西南北）に共通する教育であろう。

随想

学問については体系化された知識を指すことが多い。学問を知識とするのは、あくまで一例であり具体的な意味や目的による定義は多数存在する。歴史的にみれば、学問はさまざまな場所で行われてきた。たとえば江戸時代の日本では私塾が、藩校などとともに学問の発展をになってきたし、琉球では首里城主の許で門弟の学問所を開設した。中学から大学への制度がととのえられている現在では、学問は高校から大学、大学院によって主導されていることが多い。

近代教育が確立される以前の「学問」は人格を修養する意味が大きかった。「学問は知っても、ものごとは知らぬ」という言葉は昔びとの言い分で、学問は知っているのに世間への人間的礼儀は心得ていない意味である。今日の自然科学、社会科学、人文科学の学問ではなく、人格陶冶を意味していた。学問については、体系化された知識の習得を指すことが多い今日からすれば、広すぎるところがあるのもやむをえない。

旅の思い千鳥の如し

浜千鳥節（二揚調）

旅や浜宿り
草の葉のまくら
寝ても忘らぬ　我親のお側

旅宿の寝覚め
枕そばだてて
覚出しゅさむかし　夜半のつらさ

渡海やへじゃめても

照る月やひとつ
あまも眺めよら　今宵の空や
柴木植て置かば
しばしばといまうれ
真竹植て置かば又もいもれ

歌意

旅に出ると、さまざまな思いが駆けめぐる。草の葉を枕にしては親を偲び、目覚めては愛を思いおこす。ふと見上げれば月が空に光って草木を照らしていた。海を隔てていても月はひとつ、ふる里では愛する彼も眺めているだろうか。「柴木を植えおくからしばしばおいで」「真竹を植えたからまたおいで」。願いを込めた旅の思いが数多くよみがえる。このように、ひとり旅の思いは果てしなく広がる。楽しかったこと、嬉しかったこと、悲しかったこと、寂しかったこと。さまざまな思いに駆られながら浜辺に垂れ下がるクバの木を見たら小鳥が鳴いていた。「芝木を植えておくからときどきいらっしゃい、竹を植えてあるからまたも飛んできてね」。浜辺の宿りで、親を呼ぶような「チーチー」のさえずりがそのように聞こえる。

随想

《青い月夜の浜辺には・親を尋ねて鳴く鳥が・波の国から生まれ出る》という童謡がむかしあった。琉球舞踊でも「千鳥」(チジュヤー)という庶民的な踊りがあり、娘たちが踊っていた。この踊りは、庶民の生活や思いを主題とし、躍動感あふれる軽快な感じをあたえる。衣装は、素足または白足袋に、芭蕉布か絣など、日常の着物で、ひと昔前の琉球の風俗習慣を映しだしている。王朝時代は男性やその弟子のみによって踊られたが、廃琉置県以降、とくに戦後になって多くの舞踊家が出て、今日の琉球舞踊は確固とした地位を確立した。県立芸術大学や国立劇場の若手実演家育成によって数多くの舞踊家が育っている。「浜千鳥節」はその舞踊の手習いである。

この唄の踊りは飛び交うチドリの姿を表現する。舞台に乗ると情緒が映しだされる。踊りは紺地の琉球絣をウシンチー姿で両手を広げ、あるいは締めてリズムに乗せ、手つきはカチャーシーを形式化したような感じで踊りやすいから三線も手際よく弾ける。弾きながら踊りながら、旅のさびしさを越えて楽しくなる。ムラ芝居でも多く踊られるようになった。

複雑怪奇の潮かな

しゃうんがない節（二揚調）

いとま乞いよともて
持つちゃる盃や
涙泡盛らち

飲みもならぬ
花帆持ちゃげれば
花目の涙落ち
諸帆持ちゃげれば
諸目の涙落とち

いとま乞もしゅらば
かねてから召しやうれ
明日が日になれば
ものも言やりらぬ

歌意

さあ、彼の船出である。花のようにきれいな船帆が揚がると涙は片方の涙、諸帆になると両眼の涙があふれて拭うこともしない。前から「俺は帰る」とおっしゃればいいのに、昨日の夜になって「明日は帰るよ」とおっしゃる。寂しい。悲しい。「しょうがない」しようがないな。

沖縄は島国。陸続きではないから別れは辛い。この男も薩摩からの指示を受けて、妻子をふる里に残したばかりに遊郭通いが多くなった。妻との同行は許されず、だいたい5年、6年の勤務であるから女郎との恋も芽生えているはずであるのに、勤務が終われば恋も枯れていく。彼は無言のまま引き揚げなければならないからである。

随想

もう一つの同節は声あげて歌う。それも「しようがない」ことであろう。人が会うも別れも涙、恋人同士が会うのはうれし涙、しかし別れは悲しい涙、いずれも涙である。涙の働きって何であろう。女郎といえども、なぜか瞬きをすると目の表面を涙がはしる。涙は目の乾きも防ぐというが、歳月を経ても思い出は目の中から消えず、他の男どもに抱かれても就寝しても、なぜか彼との抱き合った愛がさまざまな思い出として次から次へ限りなく頭をよぎっている。でも、はるか彼方にいる彼もモノを言ってくれぬ。しようがない。眠り薬ではないが、それで目をおおう、灯り隠しの「めぐりカバー」をつけて寝ることにしよう。しようがないもん。

匂い落とすな味の基

たをがね節（二揚調）

うばが家と　ばぬたが家と隣やれば
今日も見れ明日も見れ
かなし里やう

宮古から舟出じゃち渡地の前の浜に
すぐ走りくまち
道のきゃらさや仮屋の前
あやごのきよらさや
宮古のあやご

手さじの長さやなげ長さ
庭に植えてるがじゅまる木の
ひげの長さ

鳴かぬカラスの声聞けば
生まれらぬ先の
御縁がやたら

沖縄まうらば沖縄の主
落平の水に浴みさまんなよう
我ぬが匂かなしじ落とすなやう

歌意

あなたのお宅と私の家が近ければ、今日も明日もお会いできるのに。しかも、宮古島から船を出して沖縄の渡地浜へ張り込ませて。沖縄本島までは遠い。ああ道はきれいでしょうが、宮古島の「なりやまあやぐ」の歌のきれいさよ。私があげたタオルの長さは、気持ちの上でも庭に植えてあるガジュマルの木のヒゲより長いさ。鳴きもせぬカラスの声を聞けば、生まれる前からの縁であったかも知れない。沖縄にいらっしゃって那覇落平の水を浴びても、私の匂いを落とさないでね。

彼女はこのように語って手を握り締め、彼を勤め先の那覇へ送った。

随想

下地里主は宮古島の平良港から沖縄の首里王府へ旅立った。那覇港までは遠い。波を乗り越えてやっと那覇港（泊）に着いた。那覇の落平は水がきれいで、水とり船によって対岸の那覇市内の繁華街に売られているほどである。遠い宮古島からのお仕えであるからきれいな道を通ろう。宮古のアヤグもきれいよ。きれいな水は彼女のように美しい。

我が愛する砂川女史と同じかも知れない。宮古の女性、とくに素朴ながらも魅力がある。でも都市のハイカラな女性たちへの不安はある。「里主よ、那覇や首里に行っても宮古の私を忘れないでよ」と、宮古にいる砂川女史は下地里主に強く言い寄った。女性の執念かな。しかし3年もたつと砂川女史は結婚してしまった。下地里主がそれを知ったのは5年後であった。彼はまだ独身であった。

ヤンバル材木運ぶ勇声

はいよやえ節（二揚調）

首里天きゃなしの　御材木だやびる
国頭さばくり　二才たもいもちゃめ
おまんちゅまじりや　皆肝するとて
名護山樫木や　うなぎのまえはだ
世果報の続きや　二蚊帳御代さめ

歌意

首里のお城が改造される。ヤンバルからも御材木を献納することになった。「はいよえー・はいよー、はいよー」のかけ声が響く。名護山の樫木はウナギの前肌のようにきれいよ。さあ、二才たちも揃ったか、たくさんの人が心を合わせて「ヨイシー・ヨイシー」。

これも世果報の続きになるぞ。ひと蚊帳ふた蚊帳、「ハイヨヤエー」。御代の良さがしみわたる。「ヨイシーヨイシー」「ハイユエーハーララー」。このはやしことばがついてきて、拍子を盛り上げる。

俗に国頭、つまり「クンジャン捌理」という。はいよやえ、気勢をあげながら山路で重い御材木を運ぶ人びと。国頭サバクイは沖縄を代表するヤマ歌である。木遣り歌で、1600年前後に生まれたと言われている。

随想

首里城は、第一尚氏の1429年に成立した琉球王制の政治、外交、文化の中心であった。1879年に最後の国王となった第二尚氏19代尚泰のとき、廃琉置県によって政府に引き渡された。首里城の歴史をたどると、1609年に薩摩の島津が侵略、1660年に焼失して1672年に再建、また1709年に焼失して1715年に再建している。ペリー提督が首里城に来たのは1853年であった。首里城はたびたび焼失しても、再建に取り組んでいく姿勢が、王制度と郷土文化への信頼と琉球人の心情を示していると、受け止めていいのではないか。

戦争と平和いま

仲風節（下げ出し　二揚調）

結ばらぬ片糸の
逢はぬ恨みと
つもる月と日と

月や昔の月やすが
変わていくものや
人のこころ

歌意

結ばれぬ片糸のように、会いたくても会ってくれぬ彼（もしくは彼女）のこころ。積もる月日は、ただ過ぎていくばかり。しかし月の光は昔から変わりなく照っている。人の世は戦争と平和の繰り返し。人の心こそ変わりやすいものはない。昔は戦争になると男は勇みだち、女性は心で泣き寝入りしながら彼を戦地へ送った。しかし、最近の女性は台湾問題のように危機が迫っても平和になっても、逆に鼻を高くするのがいる。「変わっていくものや人のこころ」である。この三線曲は、人の心の変わりようを示す「さぎんじゃし」（下げ出し）でゆったりした曲であるが、それでも心を浮き立たせる。成り立たない男女それぞれの気持ちを、結ばれぬ片糸に映し重ねて読み込んだところに歌の意味がこめられているのであろう。

人の心を示す三線二揚曲は本調子「下げ出し」の演奏から中弦を一音あげて弾くところに独特の味を出しているように聞こえる。戦争と平和の、人の心の変わりようを示す、三線名手の技と言えよう。

随想

人の心を示すのに「歌」がある。日本人の思考を見るために「和歌」と「琉歌」の歴史を考えてみよう。

和歌が生まれる前に、感情の高まりから発せられる叫び、かけ声が次第に成長して歌となったと言われるが、多くは「叫び」として消えたのであろう。古事記、日本書紀、風土記、万葉集などに収録されている韻文を上代の歌謡というが、その多くが五音と七音でもって構成されている。これらの書に収録されている歌謡を読んでみると、独立した歌謡ではなく、物語の効果を高めるために用いられていることが多い感じがする。たとえば万葉集などに収録されている歌をみると、大伴家持らの他に長い期間を経て多くの人びとによってまとめられている。年代的に言えば仁徳天皇の代から奈良時代中期にかけての貴族の歌、あずま歌、防人歌など民衆の歌もあり、現実的な歌風が多いと言われる。

琉球方言圏の中の沖縄と奄美地方に伝わる古い歌謡を集めたのが「おもろ」である。沖縄方言の「思い」が転じたという。収まっているのは14世紀末、中国大陸から三線が伝来する以前に行われた歌曲の中心をなすもので、もっぱらノロたちの謡いと踊りで謡われた。それが一般につたわり、やがて三線にのって今日に至っている。王家の儀礼として首里城で謡われているものは「王家おもろ」とよばれて神聖視され、伝承された。おもろが謡われた時代は、地方自治をもたらした按司時代（12〜13世紀）、王国時代に大別できる。歌としての文字の上からすれば呪詞ミセセル、オタカベに連なる叙事的歌であり、それが琉歌の母体と位置付けられる。歌形はクエーナ形式、おもろ形式、それを折衷した形の三つに大別できる。

むかし言葉は宝もの

述懐節（下げ出し　二揚調）

いな昔なるい
あわれ語らたる
馴れしい言葉の
くたぬうちに

歌意

語呂合わせで97歳になると旧暦9月7日に「カジマヤー」祝いがある。むかしは赤いちゃんちゃんこを羽織り、右手に風車（カジマヤー）を持って回し、色鮮やかにオープンカーで地域をゆっくり回ったものである。車の後についていっしょに回ると長生きすると、多くのムラ人たちは信じていた。（長寿の祝いを私たちにも）「あやからせてください」と風車を持つ手に触れたものである。

月日が経つのは早い。でも慣れ親しんだコトバはまだ朽ちていない。カジマヤー老人ともっともっと語りたい。それを受ける老境の身にしてみれば、年月の速さを体質の衰えで感じる。「年を重ねればなるべく自然に従うべき」とのむかし言葉があった。眠くなったら寝る、お腹がすけば何かを食べる。体にしたがって生きること。人生百年時代というけど、心身の衰えとともに三線音楽の調弦さえうまくいかないのは、歳のせいであろうか。

随想

この「下げ出し曲」は上記のような意味を込めた歌。記憶の海に漕ぎ出せば、「下げ出し二揚」は若かりし日の思い出を懐かしく詠んだ歌曲ということになる。演奏技法を用いて歌いだしの音程を低くすることで、哀調ある曲想にしていて、悲哀の情感が深く表現された曲といえよう。次のこの歌も同意である。

《朝夕さもお側・拝みなれ染めて・里や旅しめて・いちゃし待ちゅが》

（朝も夕方もお側にいて、拝み慣れ親しんでいたのに、その里主がちょっとした風邪をこじらせて、あの世へ行ってしまった）

97歳の斗掻き祝いをしようと準備していた人がいたのに、それは叶えられなかった。彼は公的サービス付きの高齢者施設に入っていた。そこはスタッフが24時間常駐し、生活相談や介護サービスをしてくれる。しかし、それでも亡くなってしまった。カジマヤーまであと7か月だったのに。

手編みに愛があり

むんじゅる節（二揚調）

むんじゅるひら笠
きよらものや
みゃらべまつじにちいいせて
花染手拭や前に結で
二才惚らしもの

照喜名坂からやう・うなよ
むんじゅる平笠 かぶるなよ
津波の古の主のまえがな
打ち惚れゆんどう

芋のまぁさや唐かんだ
米のまぁさや赤地米
神酒造てのまぁさや
白はい唐かんだ

歌意

日照りを避け小雨にも使える手軽の「むんじゅるの笠」はきれい。子どもの頭にかぶせるだけでなく好きな女性がかぶって、花染めのテサジを前結びにした娘を見れば、二才（青年）たちが惚れ込んでしまうよ。夜の野遊びをする照喜名の坂からは「むんじゅる笠」をかぶらないでよ、津波古の里主がさらに惚れ込むよ。さあ、家へ帰れば芋のおいしいのは唐カンダ、米のおいしさは赤ジーメー、それで祖先に供える神酒をつくっておいた。密かな手作りの酒を祖先の位牌に供えるとさらに美味しくなる。芋酒の原料になるのは畑に大きくできている琉球芋。青くても白く見える琉球芋、その葉はまた雑炊に加えておいしさを増してくれる。

この芋は畑にあっても台風、日照りに強く、まさに亜熱帯の沖縄向き。それでその芋を他県では「琉球いも」と言う。「薩摩いも」ではない。

随想

沖縄本島から離れている粟国島からは、東に伊江島、南に慶良間諸島と渡名喜島、晴れた日には南西の遠くに久米島が見える。この島は珍しく火山活動によってできた島といわれる。その地で麦わらを編み上げた平笠には、シマンチュ（島びと）の手並みの美しさがでている。

「むんじゅる平笠」の雑踊りを見ていると、粟国島で謡われた民謡の感じが伝わってくるのである。踊り衣装は手拭いサージを前結びにしていて帯ではなくウシンチー（帯を締めず着物を差し込む）である。着物の裾を中紐に差し込んだだけで、いかにも南国的な、沖縄的な装いとなる。踊りだけでなく地謡の三線曲も民謡的になって、楽しく聞き取れるから至って親しみが湧く。

《里がはてくいたる・むんじゅるの笠や・かんではもすださ・縁がやよら》

つまり好きな彼が張ってくれたむんじゅるのひら笠、舞踊曲ではこの笠をかぶり、歌がある。指を動かして張り上げたむんじゅる笠、かぶると親しみが伝わってくるという意味。それが親子、きょうだい、友人の縁というものであろう。

溜まる夜露が宝石

揚芋の葉節（二揚調）

芋の葉の露や
真玉よかきよらさ
あか糸あぐまきに
ぬきやりはきやり

歌意

朝早くに畑を見ると、芋の葉が夜露にぬれて玉を造っていた。それは真玉のように清く美しい。自然が織りなす神秘的な造形を讃えて赤糸の巻き玉に派手な赤糸を通したり外したりして思いを深くする。この「芋の葉節」は芋の葉にのった水玉を宝石にたとえて、自然がおりなす造形美を讃えた歌である。

芋の種類は琉球芋、田芋などがあるけれども、葉が広くて露が玉を造るのは田芋と里芋。里芋の葉にも露は溜まるかも知れないが、昔の農家は畑芋に稲芋、その脇の水たまりに田芋を育てていた。田芋の葉は広く、里芋の葉は狭いが、いずれも露を受けた葉は玉を抱いたようで、清らかに見えたのだろう。「その露玉をとって赤糸に通し、胸にはきたいものよ」と思っている。歌そのものになんともロマンがある。

随想

各地で栽培されている「芋」は高温や乾燥に強く、やせ地でもよく育つ丈夫な作物である。その葉は広く青く花はピンク色できれいに咲く。朝露を受けると真玉のようにも見えて、畑作りの人はよろこぶ。好きな人の首飾りにしたいほどである。

この芋は東南アジアの野草芋が琉球に渡り、江戸時代に琉球から薩摩につたわり、栽培されて九州に広がったという。多年草であるから育ちやすく、薩摩でも重宝がられたらしい。しかし高温多湿であるから本土では広がらなかった。西日本の大飢饉の折には餓死者を出さなかったことから、凶作の年でも収穫ができるので薩摩では救荒作物としても重要視されるようになった。

芋の葉にたまる水玉がロマンをさそうから、それを赤糸に通して可愛い女の子の首かざりにもしたくなるのだろう。芋の皮は紅色や赤紫のほか黄色も白色もある。やはり糸に通して彼女の胸にかけたくなるのではないか。

蝶にも頼りたい焦り

蝶小節（一揚げ）

東（あがり）うち向かて
飛びゅる綾はびる
先ずよ待てはびる
いやり我ない頼のま

歌意

「明るい東の方へ飛んでいく綾なすハベル（蝶）よ、あそこに親しい人がいるので、伝えごとがあるのよ。少し飛ぶのを待ってちょうだいね」と頼み込んだ。郵便も電話もパソコンもない時代の話である。「愛しているよ。夕方、そちらのところへ行くからね」と伝えたいのに、仕事が積もって焦るばかりでなかなか行く時間がない。身近に飛んでいるハベルにでも頼もうか。「蝶よ、この気持ち、伝えてくれないかね」

飛ぶ蝶にさえお願いしたいとの歌である。頼むのは鳩でもカラスでもよさそうだが、「蝶さん、蝶さん」と飛ぶのは、身近な蝶だった。思いがかなわぬ伝え事、その心はわかるが、それも願い事だけでしかなかった。

随想

庭の木々を飛び交う蝶は、羽のある身近な動物である。自分の悩みを蝶に預けたい。日本の実業家、発明家であった松下幸之助（1894〜1989年、和歌山県生まれ）の一文がある。幸之助は悩みからのがれる方法を模索するのではなく、悩むことで人間の生きがいもあると悟ったらしい。そしてもし悩むことがなければ、苦しい思いをしなくてすむけれども、経営者としての現在の自分はなかったのではないか、とも述べている。

悩みがあるからこそ、それを何とか乗り越えたいとする幸之助の気持ちは、蝶にも頼みたくなるかも知れない。悩みがあるからこそ、それを何とか乗り越えようと、自分で考えたり、蝶に助けをもとめたりする。そういうプロセスを繰り返すことで、人は大きく成長するのではないか。「悩みもまた結構」とする幸之助の言葉に同感する。

生き方示す教訓歌

東里節（一揚げ）

肝のもてなしや
竹のごと直く
義理の節ぶしや
中に込めて

歌意

社会はさまざまであっても人のこころはまっすぐのびる竹のように直く、義理人情の節々は中に込めて尽くすもの。それが人間的生き方というものであろう。これは教訓歌である。ヒトの心持ちを示したと言えよう。人ならば誰でも持っているはずの人間性を感じさせる心の動きの歌である。義理は人と人とのかかわりの中で持たなければいけないという気持ち。人情とは人間らしい優しい心といわれるが、でも思うようにいかないのが社会ではないだろうか。

この歌の本歌は《豊かなる御代の・しるしあらはれて・あめつゆのめぐみ・時もたがん》となっている。豊かになる時代の、その印が天候にあらわれた。雨露の恵みを御代がそれを示しているという意味。天候は地球に住む動物・植物に大きく作用する。天の恵み、戦争もなく台風もなく平和で涼風をもたらす時が続けば、この世は幸せである。

随想

義理と人の情けは中に押し込める。気は竹のように直くあれ。「パワーリハビリ」で、心が荒れた認知症老人たちに、それを教えている施設がある。セルフプランで活動的な一日を過ごすように求めている。まず、筋肉トレーニングではなく、専用のマシンを利用した低負荷・反復運動によって、使っていない筋力を再活用し、日常の動作改善や身体負担の軽減を行う。一人ひとりに合わせたマシン設定により、無理なくトレーニングできる。次は「セルフプラン」で、その日の活動内容を利用者で決めて、活動メニューには、手工芸やカラオケ、将棋など脳や手を使うメニューを多数揃えてある。集中して行い、メリハりのある一日を過ごさせる。三つ目は「自立支援」である。利用者の自立支援を目指してパワーリハビリテーションと竹内式自立支援介護を行い、利用者が元気になる〝お手伝い〟を行う。この三点である。

介護される老人たちは身勝手で、歩行もできないし、食事どころか着替えもシャワーも、ましてやトイレも助けがないと不可能である。どのようなことがあろうと、暴言があっても「それは病気のせい」と受け止めている。どうあろうとつねにニコニコ。しかしそれは「目標」であって、なかなか難しいことで、理想通りには行かないのが現状であり、そこに介護する人たちの苦労があると思う。

塩は絶やさぬ海の邦

大浦節（三下げ）

まこと名に立ちゅる
塩屋の番所
中山やこしあて
港目の前に
沖の網舟の
えいやえいやと

浜によせ来るは
道いそぐ人も

立ちよどでみやべさ
だんじょ首里那覇も
音にとよむ

歌意

沖縄北部の大宜味間切の塩屋は塩づくりで知られていて、そこには監視役の番所も置かれていた。中の山を腰当にして、港の前には網を張った舟から「エイヤエイヤ」のかけ声が聞こえる。道を急ぐ人たちも立ちよどんで聴くほどで、遠い首里那覇でも知られているほどになった。

たしか1905年から塩は専売制となっていた。日露戦争のため、膨大な戦費の調達に苦慮し、塩の専売を考えて、値段を決めたという。つまり、戦費への活用を考えたのである。南部の佐敷冨祖崎にも塩田があり、苦労したらしいが生活を支えたという。戦後は専売制がなくなり、自由に売買できるようになった。この歌は、塩屋の番所から首里那覇への塩売り舟を謡ったもので、その意気込みがうかがえる。

随想

歌の軸をなす組踊「花売りの縁」（高宮城親雲上・作）は、数ある組踊のなかでも心を和ませる作品である。塩売りではないが、首里の下級の士族であった森川の子は、仕事上いやなことがあって士族としての生活も苦しく、生活が成り立たずに妻の乙樽と幼い息子・鶴松を残して遠く離れたヤンバルへ逃げ、花を売り歩く仕事をしていた。時を経て妻子が夫を尋ね歩き、ヤンバルの途中で花売りの夫とめぐりあう。首里の事情がよくなっていることを告げたので首里にもどり、ささやかながらも静かな生活をおくることになった、という物語である。

この物語に当時の政治事情を示す資料はないが、親子の絆や情愛とヤンバルの美しい自然と人情が描かれた組踊「花売りの縁」は、その歌によって見事に表現されているといえよう。

身を助けたアボ多く

池武当節（本調子）

池武当のあぼや
あぼやりばあぼい
無蔵と二人なれば
ぬおとろしゃが

歌意

サンゴの島・沖縄はアボ洞窟が多い。戦時中の住民避難、あるいは日本兵の隠れ場所にも利用された池武当《いけんとう》にもたくさんある。タルー男とカミー女は戦争中、コザ市（現・沖縄市）のアボ洞窟に身を潜めていた。アボは深くはなかったが二人は手を取り合ってかくれた。深いアボでも浅いアボでも二人になれば何の怖さがあるものか。敵なんか怖くない。壕の中にいて、二人は抱き合いながら強がりを言った。

随想

沖縄に多いアボ洞窟は、戦争中の隠れ場所であった。しかし平和が訪れると、特別の調査を除いて人の出入りはない。戦争中は敵弾を恐れてアボや手造りの防空壕に隠れて「怖くない」というのが強がりといえば強がりであっただろう。もう敵弾が落ちない、爆弾は消火できる。そのような強がりを言っているうちに沖縄はアメリカ軍の陸上戦をうけて悲惨な目にあった。

《散りて根にかえる・花も春くれば・またも色まさる・ことの嬉しや》

この歌は戦後のユメを表現している。猛烈な戦火を浴びて戦争で負けて、草も花も消えたが根だけは残っていた。その芽が出て春になるときれいな花を咲かせた。平和社会のこんなに嬉しいことはない。野原も山手も見てごらん。花も行き合う人も平和的匂いがいい。したがって、こんな歌もできた。

《春や野も山も・百合の花ざかり・ゆきすゆる袖の・匂のしほらしゃや》

ところが現在も戦争の怖さが去ったわけではない。おとなりの台湾に対する中国の脅しと日本への脅威、そして北朝鮮のにらみがある。サンゴのアボが、何を語っているのか。時代も内容も異なるが、台湾問題を含めて南西諸島沖縄に対する「脅威」は去っていない。県民は二度も三度も戦火を浴びたくない。

馬は我が家の遊び友

打豆節（本調子）

うち豆と真まめ
わ馬小にかい食はち
遊庭のかずに
すだち出じら

歌意

畑に植えてあった豆をひらたく打った打ち豆と真豆を刈り取って、わが愛馬に食べさせよう。馬は人間の遊び友で主に忠実、祭事があるたびに飾り立てて出馬したら人々の目を引くであろう。可愛い子どもを乗せて庭にでも出てみようかな。それはまだ戦争が沖縄に来ない時代、わが家の馬は愛らしく家族といっしょであった。馬の大好きな畑の打ち豆と真豆を馬に食わせて綱をほどき、子どもを乗せて「はいはいドードー」。

戦前にわが家で飼っていた馬で知ったことであるが、馬は草食で、他の野生動物のような攻撃性をもちあわせていない大変おとなしく優しい動物である。大きな体とは対照的に臆病で敏感な性格ももちあわせている。飼い主が優しく接してあげないといけない。

随想

昔の豆打ちはリズム感があって夏の楽しさを伝えた。畑から刈り入れた籾を庭先に干して枯らし、それを庭の大むしろに広げて右に3人か4人、左に3人か4人が相対して籾殻を叩く。叩く棒は握りが短く叩きどころを長くして「ヨイシー・ヨイシー」の掛け声に合わせて足も拍子よく動かしながら打つ。その棒をクルマンボーといい、大切にしていた。

籾殻は小粒の豆も残っていて飼育馬のエサになった。飼育している馬に栄養のある豆類をあたえて、色艶良く毛並みを整え、そして催しの際は一層かざりたててお披露目しようという。この歌は、わが馬を愛して詠まれた三線歌ということになる。

「打豆節」の発祥といわれる伊江島では旧暦7月になると豊作、豊漁を祈願する大折目《ウフウーイミ》の祭祀行事が行われた。最終の日には馬を小屋から引き連れてグスク山の聖域へかけのぼり、神々に祈りをささげる行事もあった。

王位維持の祝い事

はやりぐわいな節（本調子）

今日のいからしや
誰がすいからしゅが
首里天ぎゃなし
お祝やこと

歌意

クエーナという今日の楽しい踊りはだれが盛り上げるかな。首里天ジャナシーのお祝いであるから、みんなで盛大に祝うことにしよう。この祝いを盛り上げる首里グスクが琉球の政治の中心地となったのは第一尚氏2代の尚巴志王から第二尚氏3代・尚真王の時代である。

奄美から宮古島、八重山、与那国島まで征服して最大の版図になり、独自の天下観を見せつつ首里王府は独自の行事を持つことにした。その独特な行事とは旧暦正月と旧暦7月のお盆である。とくに旧盆行事は盛大で、諸按司を首里に集めて、城下の園比屋武御嶽から始めて南の神降りセーファ御嶽、神の国・久高島を含めた霊場を礼拝し、霊域では大きな盃で泡盛をささげ、祖先への祈りと加護を祈った。諸按司もこの時節は王府の祝いとして三線を弾き、歌い、踊って過ごすことにした。はやりぐわいな節は王位を維持する盛大な祝いであった。

随想

首里天ジャナシへの敬愛を示す歌が古典工工四にもたくさん出ている。王位を確実なものにするための、民のこころに加えて首里王府の権威付けが大事になった。

首里グスク北殿では三線音楽と演劇があり、琉球舞踊が役目を負うことになる。三線は琉球文化の象徴、数多くの三線曲に首里王府の権威と尊敬の念を盛り込むことが多くなったのもそのせいであろう。三線に琴、笛、太鼓、胡弓で構成する地謡に、舞台のしとやかな踊りが芸能文化の高さを示してくれる。規模は小国ながら琉球は日本、中国、朝鮮、台湾、東南アジア各地の文化を巧みに取り入れて独自の文化を生み出し、三線を含む芸能を生み出し、芸能、音楽や美術工芸などを盛り上げている。

旅がしたくて媚び笑い

本大浦節（本調子）

大浦港に
船頭主が入れば
瀬嵩かまど小が
目笑い歯茎

歌意

名護の東海岸にある名所・大浦の港に、船頭主が櫂を漕いではいってきたら、またあのかまど小が目笑いを見せた。かまど小の船頭への愛想笑い、その歯茎に漂う笑いの顔に色気が漂っているように見えた。那覇港、泊港と行き来している船頭は、何を積んできたのか。多分に女性たちが欲しがるきれいな衣装、あるいは髪かざりかも知れない。女の笑いには意図があることを船頭は知っていた。それでも笑い返した。しかし、かまど小にあげるのはなにもなかったという。

随想

大浦《うふら》は静かなムラである。いま、辺野古の埋立予定地となっているのが大浦湾で、唯一の沈下橋もあると言われるが確証はない。大浦を望む瀬嵩の海岸にある高台を上り詰めると展望台があり、見物に訪れる観光客も見られる。

大浦湾は名護市から離れ、辺野古地域側へ向かって、東海岸に見えてくる。マングローブ林が形成されていて、サンゴ礁が発達しているきれいな海で、泳ぐ魚類生物の生命力に息をのむほどである。軍事基地の工事など、あまり加えられていない数少ない「自然」が残っているところでもある。サンゴの周りに多くの魚が棲み着いているのも確認できるという。ここは自然のままの沖縄の海と岸辺と言っていい。

むかしは島通いの小舟もよく出入りし、乙女たちが舟主へ愛想笑いをして「シマを抜けて遊びたい」と訴えたらしい。その代表が瀬嵩のかまど小たちであったということか。それが説話として残っている。

坂も平道恋の道

与那節（本調子）

与那の高ひらや
汗はてど登る
無蔵に思なせば
車たうばる

歌意

ヤンバル与那の急坂は、汗をかきながらのぼる厳しい坂道である。しかし、好きな彼女に会えるのであれば車にでも乗った気になって速いこと。車が平坦な道をすらすら行くようにすいすい登って行ける。恋は常識を跳ね返すらしい。那覇市から遠く離れたヤンバルの与那の石ころ高坂（タカヒラ）は、玉の汗を飛ばしながら、ひと足またひと足と、あえぎながら登るところである。ところが彼女は坂道を越えたところに住んでいる。でも彼女と逢えることを思えばその高坂も苦にならない。この坂道はまるで荷馬車も通れるような軽い感じである。

与那の高坂はヤンバルの交通難所だった。登り坂が1キロほども続いている。琉球王府時代は「淑道」のひとつと言われた。この道は徒歩で行くしかなかったというが苦にならない。

随想

それは昔話であるが、いまは国頭村与那はトンネルが通っている。でも昔の素朴さを残す民俗の宝、この歌の意味もそこにあるだろう。1917年に国頭村道として荷馬車が通れる道が開けたものの人を乗せない。1935年になると、海岸沿いをまわる県道が開通して道幅が5メートルほどとなり、バスも初めて通ったが、海岸沿いを通る道のため、天候が荒れると高波があり、冬場には10メートルの荒波が襲う地点もあったと言う。戦後もトラックが荒波に押しつぶされ運転手が命を失う事故があり、厳しいことに変わりはない。

こうした問題を解消するため、1991年にできたのが「新与那トンネル」である。ヤンバルの海がこんなに活き活きとして豊かだなんて、土地の人たちも思わなかったらしい。

いま、与那の道の移り変わりを示す説明板がトンネル北側の簡易パーキング内に設置されている。新トンネルによってようやく平穏な道が開けたといえよう。

面影残す松ばやし

安波節（本調子）

安波のまはんたや
肝すがれところ
宇久の松下や
寝なしところ

歌意

安波への路地はほとんど坂道で、そこに立つと見晴らしがよく、心晴れ晴れとなる。右手の松林は宇久、そこまで足を延ばせば、ますますいい景色で、ああゆっくり見たくなるよ。安波のノロ殿内は住民信仰の場である。黄金の提灯で、あそこに明かりがついて、祈りを捧げると、弥勒が来て世果報になるという。

《安波ぬノロ殿内・黄金灯籠さぎてぃ・うりがあかがりば・弥勒世果報》との歌もある。安波のノロ御殿に黄金色のチョウチンをかかげて、それが照りかがやくといい時代がくるという。野鼠やセミを踏みつけないように、ヤンバルの浦大通り坂を通って、入り口の標識を見ながら坂を登っていく。景色がよくて見下ろすとそこに石に刻まれた安波節の歌碑があった。歌碑のあるマハンタの広場からの景色は松林を通して目を見張るものであった。松の木や草が生い茂っているから異郷の感じさえして目を離したくない。ヒラバンタからは車道までよく視野が広がっている。

随想

『琉球国由来記』では安波村と記されている。第二尚氏3代の尚真王時代には首里グスクの建設にともなう建築用材を供給し、近世になってからは山林開発され、逆に山林が荒れたとの意見も聞いた。18世紀前半になると、沖縄本島で美林が残るのは羽地、大宜味、久志、国頭の4間切とさえ言われ、安波は除かれている。

1728年に三司官となった蔡温は、農山村の産業基盤を固めるため、植林の奨励を行い、国頭の間切では1736年、造林と巡検をおこなっている。しかし山奥の安波には及ばなかった。安波の集落はそのむかし、浦添から追いやられた武士が身を潜めていたとの話も聞いた。それほど遠い僻地であった。木陰から降りて集落を歩いていると草木が生い茂り、茅葺き屋根も多くあって昔の時代の面影さえ感じさせた。

清水にムラの影映す
久米はんた前節（本調子）

久米の五葉の松
下枝どまくら
思わらべ無蔵や
わ腕まくら

歌意

久米島の五枝（五葉）の松は、下枝が枕のように伸びている。それはちょうど愛しい彼女が僕の腕を枕にして語り合う姿にも似ているではないか。五枝の松は久米島の象徴であると言いたい。樹齢200余年、高さ約4メートル、幹は節くれたように膨れあがり、1メートルほどのところから2つの枝が四方に伸び、地面に伏すような枝の葉をいっぱいに広げている。それを男性の腕にたとえて、好きな女性の手枕にさせるという対句は、至って自然である。

《真謝と真仲地や・通いぼしゃあすが・白瀬ぶれ松の・下のしげしゃ》

仲地の里に好きな女性がおり、野遊びも盛んであった。通いたいのに白瀬の松枝が茂って通いにくいとも言われるぐらい、松林が多かったのだろう。

久米島は具志川村と仲里村が２００２年に合併して「久米島町」になった。むかし、中国福建の港へ通う船の目印にもなったという。

随想

久米島の森や林は、神秘性を醸していて美しい。白い砂浜と青い海に包まれた島の中央を流れる具志川の白瀬嶽に源を発する白瀬の流れもそのひとつであろう。中国との交易の歴史を感じさせる具志川の城跡だけでなく、伝統的な工芸品にも特色がにじみでている。

「その昔、彼と彼女は会いたいのに川が隔てて思うようにデートもできなかった。白瀬走川の流れに触れるような繁みを持つ松が多いことよ。むしろ松林が恋の邪魔立てをしているようにもみえる」と拙著『久米島の旅情』に書いたことがある。次のような歌があった。

《はんた前のくだり・溝わてどよこす・三十ませ三ませ・真水こめて》《儀間と嘉手苅や・道どひじゃみとる・水ゆいがゆら・ことば変わて》

久米島の各集落は近い。でもアクセントが異なる。一例を挙げると、仲里の儀間と具志川の嘉手苅はまっ直ぐな小道をはさんでの集落であるのに儀間のコトバは柔らかく嘉手苅のコトバは元気よく響く。なぜそうなのか、久米島の誰に聞いてもよくわからなかった。流れる川水のせいかな？

流れて通じる白い砂

宇地泊節（本調子）

宇地泊まさご
太陽どまぎらしゅる
お月まぎらしゅる
浜のまさご

歌意

宇地泊の真砂は太陽の光さえまぎらわせるほど光っている。浜は夜も月がギラギラ、浜の真砂は月を紛らしてきれいなことよ。

宇地泊は宜野湾市にあり、宇地泊川が流れて牧港に通じている。白い砂浜を踏んで女性たちが泳ごうとしていた。浜辺を少し離れたところで男たちも海に足を踏み入れていた。

「オーイ」と声を掛けると女性たちも「ホーイ」と手を振る。表情が明るい。そのさりげない雰囲気に、道行く人たちも手を振って通りすぎていくそれだけのことであるが、ムラ里の和みを感じさせる。近くには「ゆうひ公園」もあって、若い男女が語り合っていた。いい佇まいの場である。どこからか三線の音が聞こえた。

随想

ここの雰囲気にしつっこさが感じられない。

《ユメにみるむかし・くい戻ちみぶしゃ・わらべ小ぬときの・遊びどころ・なれしふる里の・遊びどころ》

むかしの時代はどうだったのだろう。父や母たちの話ではムラ人たちの助け合いが強く、金持ちも貧乏人も仲よく畑仕事やムラ行事を進め、その費用は財力に応じて惜しみなく出し合ったという。ムラには拝みどころがあり、それも財力に応じて費用を持つようにした。民謡の「なれしふる里」である。カチャーシーの早弾きもあって、のどかな雰囲気を醸し出していたが、それは現在も続いているという。

三線の古典曲にはあまり乗らない民謡調であるのに、中には野村流古典音楽保存会の工工四に掲載されている「さあさあ節」「むんじゅる節」「じっそう節」なども弾いてみせた。三線の早弾きは楽しく、若者向けの曲とも言えよう。

憧れ按司の雄姿かな

津堅節（本調子）

勝連の按司や
だんじゅ豊まれる
たけほども姿
人にかわて

歌意

勝連の按司ジャナシは、うわさ通り身の丈がそろって、いい男であった。勝連から津堅への海は汗をかいて漕ぎわたるが、島にいる女性たちのことを想えばひと漕ぎさ。舟の櫂といっしょに思いは果てしなく続くのである。勝連の按司は褒められるといい気になって何度も津堅島へ渡った。津堅の人たちも温かく迎えた。

津堅島は真白な砂浜と青い海が広がって、夏は海水浴でにぎわう。海魚が豊かなので釣りにも人気がある。島では旧暦で行われる「拝所周り」も盛んであった。島は小さくとも拝所が多く、老若男女がそろって手を合わせる姿を見ると信仰の強さを思わせる。むかしの話になるが、白衣を着て目を瞑り、祈りを捧げる女性がいた。きれいな髪姿に柔らかい顔立ちと腰の締まりが人目を引き付ける。その女性を惑わしたのが勝連の按司であった。

随想

勝連半島は与那城ムラを挟んでいるので与勝半島とも言う。沖縄本島中部東海岸から太平洋に突き出しているから津堅島から渡りやすい。勝連の按司に惚れ込んだ女性は、自ら按司がいる勝連に渡ることにした。沖に出ると島が大きく見えた。額が汗ばんだ。櫂を持つ手に力が入る。身の丈も大きく、名を成す按司のことを思えば、あとひと漕ぎ。「惚れてしまえば千里も一里・逢わずに戻ればもとの千里」との俗謡にある。名のある按司と会えた。

ところが勝連按司には妻子がいた。彼女は本妻を押しのけて勝連の按司と同棲したかったのにうまくいかなかった。いまさら津堅島に戻ることもできず右往左往しているところを船頭に見つかった。島に戻そうとしたがそれも叶わず海に飛び込んだ。それを知った勝連按司は、妻と相談して彼女の遺体を安置、丁重に葬った。その後の生活についてはうわさに上らなかった。

相手を見ながら騙し討ち

綾蝶節（本調子）

つぼでをる花に
近づきゆるはべる
いつの夜の露に
咲かち添ゆが

歌意

これから花を咲かせる女性を蝶にたとえた歌。つぼみの花近くに飛ぶ蝶よ、花は夜露に濡れて咲くことであろうが、あなたはいつ咲くのかな。蝶が花咲くそれを誘っているように見えるよ。女性が恋ごころをもつ年ごろになることを期待する。

この「綾蝶節」は組踊の創始者・玉城朝薫が原歌のリズムを借用して、組踊「二童敵討」

の演奏曲として構成された歌曲である。二童敵討のストーリーは、落城の際に父が殺され、敵の目を逃れた母親の許で成長した鶴松と亀千代が父の仇を討つ機会を待つ。敵の阿麻和利が野遊びをした時に、鶴松と亀千代が手許の踊りを見せながら、相手方を騙して討ち取るという玉城朝薫の作であるが、この歌はまた別の意味をも持っている。

随想

その昔、航海に出る愛人を女性の魂が蝶のように羽をつけて守った。沖縄の古い習慣であったが「神に通じるのは蝶であり女性である」と言われたころ、ムラのノロが拝所だけでなく御殿の祭事を行い、各家の仏壇は女性が祈りをささげ、男性が準じる仕込みで、吉凶を判断するのは女性であった。首里王府でも「聞得大君」が祭事を司り、そこへ蝶が飛んできて吉凶判断をしたという。莟の花に蝶が飛んできたのである。よい報せであった。蝶は「神の使い、夜露にあってよい花が咲くのを待つ」という意味がある。身近な蝶は人間のことを何でも知っていた。

若さ戻らぬ身の辛さ

伊集之木節（本調子）

あの伊集のはなや
あがきよらしゃさきゆい
わぬも伊集やとて
真白さかな

歌意

「あの伊集の木の花はあんなに清らかで美しく咲いている。私も真白い花のようにきれいに咲きたい」。伊集の花は6月ごろ枝の先に咲いて梅に似た平開きになる。花は捨てがたく、濃い常緑と新芽の白色が賞され、床の間に、あるいは仏壇の飾りにもなっている。したがって清く美しく「私も伊集の花のように真白く咲きたいものよ」と、女性たちにとっては自分の身に当てはめてみたくなるのだろう。

随想

伊集の木は枝一面に愛嬌のある白い花をつける。当たり前の風物であるが、それには、悲しい逸話が残されている。王国時代の中城伊集に仲の良い夫婦がいた。あるとき、王が地方回りのとき、人妻であるのにその美貌が目に留まり、自分の側女にしたいと部下に言いつけた。「何を？　人妻を──」との反論はできない時代である。王の命令は天下の命令、夫の身も顧みず引き離して妻を首里城へ向かわせた。側女となった人妻は王の愛を受けて贅沢三昧、それこそ夫も忘れるぐらいの生活であった。しかも元の夫には過分の慰労金が支給されて、楽な生活が保障された。

ところが正式の王妃は、その女のせいで見捨てられ、歳を重ねつつ悲しくなり、一人で泣くばかりであった。一方で側女は喜ぶという奇妙な雰囲気で、言を挟む部下はいない。年老いた王妃は庭先の伊集の花を寂しく眺めながら「私もあの花のように若返り、真白く咲きたいものよ」と泣くだけであった。

庭の伊集の木の白く美しい花を見ては「私もあの女のように若々しく」と嘆いても誰も

慰めてくれない。王の身勝手もさることながら、嘆く王妃のことはそれ以上、部下たちも触れることはなかった。歌だけが残っている。

自然美求めて島まわり

石之屛風節（本調子）

石の屛風立てて
七重八重うちに
いくよまで舟浮
もたえさかえ

歌意

西表島の船浮《ふなうき》は、屛風のように切り立った岩が七重八重にも見える。芝太郎はこの自然美の島を舟でまわった。人の手が加わらないよう、またそれが島の自然につながるよう、願いながらの回遊調査であった。

八重山石垣の人でもなかなか行く機会がない西表島は沖縄本島の南西に浮かぶ離島で、

イリオモテヤマネコが生息する西表石垣国立公園の一部となっている。西表船浮は島内でありながら道路がつながっていないから舟でいくしかない。「陸の孤島」と呼ぶ人もいるが、むしろその方が観光客を呼んでいるそうである。亜熱帯植物のマングローブ森林を流れる浦内川の上流には、カンビレーの滝とマリユドゥの滝がある。ヒナイ川の上流では、ピナイサーラの滝も見られる。星砂の浜辺の北に広がるサンゴ礁には、熱帯魚が泳いでいる。東部のヨナラ水道ではマンタが見られるというのも西表ならではであろう。

随想

イリオモテヤマネコは1965年、西表島で発見された。中型以上の哺乳類の発見は希有であり、また当初はネコ類でも原始的な形態を持つ新種としてメディアでも大きく取り上げられた。しかし独立種ではなく、アジア東部に生息するベンガルヤマネコに似ていることが指摘されている。それでも国の特別天然記念物に指定されている。イリオモテヤマネコの全身は淡褐色や黒灰色で体側に黒褐色の斑点、胸部には帯模様が入っている。それは普通の家庭ネコとあまり変わりない。夜行性で、とくに薄い灯りで生活するのも家ネコと変わりないが、樹上にのぼったり、水に入ったり、潜水したりする。食性は哺乳類や鳥類、爬虫類、魚類であるが、家ネコが好むネズミは食しないという。

1999年に西表野生生物保護センターなどによる家ネコとイリオモテヤマネコを対象とした調査で、イリオモテヤマネコからはネコ免疫不全ウイルス感染症の原因となるウイルスは検出できなかったが、家ネコや野良ネコから検出されたという。イリオモテヤマネコへの感染を懸念されたため、八重山竹富町では家ネコの登録を義務づける「ネコ飼養条例」が制定され、さらに家ネコのウイルス検査や予防接種、避妊、去勢手術などの義務化も決めている。厳しすぎるとの声もあるが、竹富町では「やむをえない対策」としている。

思い出深きアカバンタ

しほらい節（本調子）

今日やおきゃい拝がで
いろいろの遊び
明日や面影の
立つよとめば

歌意

潮も寄ってくるよ、今日はおもしろい遊び、それも明日の面影かと思いながらの遊びである。遊びとは「語らい」のこと、いろいろ語り合ったので忘れられない。出稼ぎで大阪に行っても、年が50歳過ぎても、明日も明後日も面影を忘れることはない。モーアシビ（野遊び）の面影は忘れない、いつまでも。佐敷手登根の山上にあるアカバンタはその昔、ムラの若者たちが畑仕事をおえて、三線片手にモーアシビをするところであった。隣りムラ知念、久手堅からも若い男女が集まり、夏の晴れた夜になると東から月が昇って松林と草場を照らしてモーアシビの雰囲気を盛り上げた。男女合わせて17～18人が集まったであろうか。

さきほど述べたように、青年たちはテサージ小（タオル）を片手に、娘たちへ言い寄る。うまく反応してくれたら恋人になれたし、それを女性が「イヤヨー」と拒否すれば又別の女性に同意を求める。女性の肩に手を置いて無言の愛を伝える。三線弾きは雰囲気を盛り上げたのに、夢中になると「恋の道」から外されてしまうこともあったというから可笑しくなる。

随想

モーアシビはアカバンタに限らない。ときにはマガイ小にしたり郡道筋になったりしたが、いずれも人里をはなれた場所であるから一般家庭の邪魔はしないで三線をかき鳴らす。ところが、それを気にする男たちもいた。役場と警察が「夜は遊んで、昼はダラダラ」とモーアシビを嫌ったのである。巡査（警官）に頼んで「モーアシビ禁止令」を出したが、むしろ逆効果で、その追い手を避けてのモーアシビが衰えることはなく、盛んになったという。戦争前の話である。

好きな人との遊びという表現は「話し合いから手枕か、それとも無言のままの抱き合いか」、それぞれに異なっていた。思い出は年とともに深くなるのが本当の愛で、年とともに消えるのも愛であろうか。僕が作詞、上原正吉が歌った「あかばんたモーアシビ」は以下のとおり。

《むかし名にたちゅる・モー遊びのはんた・手さじ小や肩に、ひっかけてからに・どのようになったか・今の世になれば・い語らいはあっても・歌声だけ残て》

この歌はラジオ沖縄開局50周年の「新唄大賞第一位」にかがやいた。その琉歌を詠んだ僕の歌碑が、手登根の山の上「あかばんた」に建っている。有志たちが資金を集めて建立したもので、ますます「あかばんた」は県内外で広く知られる名所になった。観光客も数多く訪れるという。

花咲きますよ伊舎堂に

じつさう節（本調子）

思ゆらば里前
シマとまいてい参れ
シマや中城
花の伊舎堂

歌意

「愛しているよ」と、あなたはそんなことをおっしゃるが「実相」かな。本当に話し合うお気持ちならば私の生まれ島においでよ、シマは花が咲き誇る中城の伊舎堂。ご存じのはず、庭木も道ばたも花ざかり、人びともよく働く花ざかり。

中城伊舎堂は花を咲かせる綿木の名産地で男どもが綿をとり、女たちが那覇あたりの市場で売りさばく。集落は世界遺産の中城グスクから国道を隔てて湾に向かうところにあり、この歌を刻んだ碑がシンボルである。碑はシマの協力を得て１９５９年３月に琉球政府の文化財保護委員会が建立した。文字は歴史学者の東恩納寛惇さんが書かれたそうである。

随想

中城伊舎堂は昔から綿の栽培が盛んだった。このあたりは綿花が広がる農村で、シマの男たちが紡いだ綿花を女性たちが頭に乗せて売りさばくのである。よく売れた。カネを懐に帰ろうとすると「ね、少し遊ばないか」と市場の近くで男性が言い寄った。

思いを寄せてくるのか、からかっているのか。別に珍しいことでもないから女性たちは言い返す。「はいはい、それならシマにいらっしゃいよ、シマは中城の、綿づくりが盛んな花の伊舎堂です。花がいっぱい咲いていますよ」と言ったら男は諦めた。「じつさう」（じっそう）とは「ほんとかどうか」の意味で、伊舎堂女性たちの勇気あるひとことだったという。「綿花を買いなさるか」、女たちの笑い声に男たちは反発することもできなかった。

伊舎堂おんなの冷静な対応に男性たちは声を引っ込めた。

鏡の前で朝夕に

ずず節（本調子）

めぐみある御代の
春風になびく
青柳の糸や
民のすがた

歌意

「ずずっと節を回して、いい世の中になった」。青柳の糸のような葉が春風になびいているのは、まさに恵みの世にある民の姿ではないか。床の前にある鏡を朝夕に見て、戦争もない平和な時代がありがたく、手を合わせた。平和で豊かな御代に涼しい春風が吹いて髪がなびく。それが民の姿である。平和主義とは、戦争や暴力に反対し、恒久的な平和を思考する思想的な立場をいう。人権の経済部分である交易の自由権、国際化、世界経済などと併せて、平和主義は資本主義とも関連してくる。手許の『世界大百科事典』によると、現代世界の支配的な平和のひとつはパックス・エコノミカだと説明されている。それが「民のすがた」でありたい。

随想

平和の世だから胸中にある自分なりの鏡に、朝も夕刻も思いをつめよう。それは前向きのいいことでないといけない。悪いことばかり考えると、それはチリアクタで曇って磨きにくくなる。この「恵みある御代」の歌は、ひとつの人生訓と言えよう。恵みある御代であるからこそ、春風も涼しく吹いてくれるのである。青い糸に通した庭草こそ平和な社会を好む民の姿ではないか。

平和を象徴する御代、とかく社会的な立場になると、自らを反省して身を引き締めるコトバが多くなる。そのように考えると「青柳の糸」のようにはいかないかも知れない。「恵みある御代の民の姿」にはいろいろあるような感じがする。

「甘美」とは白菊の花言葉

しほらあ節（本調子）

眺めてもあかぬ
白菊の花の
露のいろそへて
咲きやるきやらさ

歌意

庭に、何気なく咲いている白菊の花。見ていて飽きることがない花である。朝露を受けてますます色が揃って清く見える。沖縄に咲く美しい花。朝起きて庭先を見たら、前に植えたユリが白菊のような花を咲かせていた。夜露を受けて咲いたのであろう。思わず見とれてしまった。花を見ながら、ふと思うことがあった。特有の甘い香りは、まさに花言葉

「甘美」そのものであった。「純潔」の意味もあるそうで、伊江島では毎年「ゆり祭り」が行われ、およそ100万本のテッポウユリや色のついた花が「甘美な純潔」を誇っていた。

沖縄は年中花を見ることができる。1月、2月はヒカンザクラが咲くし、3月から5月は小ぶりな花々、3月から4月ごろはヒスイカズラがシャンデリアのように垂れさがる。ブーゲンビレアは熱帯性のつる性花木で、小さな白く額を取りかこむように、葉が紫や朱、白に色づく花で、ブルベニアは4月から10月にかけて白に黄色が浮かぶ、可愛い花である。

随想

そのほか、10月から12月にはトックリキワタ、2月にはイッペーが咲く。家の庭にもあるが、黄色の花の群れがきれいなこと、目をひきつけられる。3月、4月のシークヮーサー、4月から5月のゲットウ、3月から12月まで咲くサンダンカ、3月から4月のオクラレルカなど、眺めてもあかぬ咲いた花の美しさ、気候の特徴は一年を通して気温が高いこと。

同じ南国でも台湾とは異なる。台湾は沖縄と近いが、夏と冬の気候の差が大きい。台北市の例をとると、冬は沖縄より寒く夏は沖縄より暑かった。沖縄は海風があって台湾は熱帯性との説明があって、台湾の夏は過ごしにくい季節であった。台風襲来は沖縄も台湾もあるが、気候的に沖縄は暮らしやすい感じがする。

行き来する舟頼みます

勝連節（本調子）

和仁屋間門の潮や
蹴やりあぐまはも
勝連のシマや
通ひぼしゃの

歌意

勝連半島から見る島々は、海の波に現れた絵にできるような個性を示してくれる。しかし小舟で通いたくても向かいの和仁屋門の潮が案外と荒い。ここは「与勝半島」とも言うが、それは半島北部を占めた与那城と南部の勝連の頭文字をとって名づけられた。付近の島々は有人島に伊計島、宮城島、平安座島、浜比嘉島、それに津堅島の五島で「与勝諸島」

と呼ばれている。かつて島々と勝連半島の港は造船も盛んな地として知られていた。

また、琉球王国時代から戦前にかけて沖縄北部と南部を往復するヤンバル船の寄港地にもなっていた。「勝連の島々に通ってみたい」とは庶民の願いでもあった。その半島からは無人の藪地から有人の古宇利、汐風と土質のよい津堅、右端に神の島久高なども覗くことができるからである。波静かな中城湾は、帆の高いヤンバル船の寄港地でもあり、砂浜を蹴上げても渡りたくなる。それほど与勝半島は魅力にあふれている。

随想

伝説によると、勝連城主は英祖王系の大城按司の五男が城主だった。ところが阿麻和利が城主となり、その勢力に脅威を感じた琉球王国の尚泰久は、今帰仁の重臣の護佐丸を中城グスクに移して住まわせ、王女の百度踏揚を嫁にさせた。天下統一を目論んだ阿麻和利は1458年に護佐丸を倒して首里王府打倒へ動き出そうとする。

しかし、反乱は実を結ばなかった。妻の百度踏揚が、その付き人の大城賢雄に「反乱」を知らせて野望はばれてしまった。つまり、その野望を国王に伝えたことで、阿麻和利の野望は大城賢雄率いる王府軍に知られたのである。彼女は大城賢雄と再婚したが「鬼大城」

と言われた英雄も、第二尚氏、尚円のクーデターにより、自害した。2度も夫を失った彼女は、まさに悲劇の王女といえる。生没年は不明。護佐丸と阿麻和利の戦いを、勝連の人たちは「二人の力を恐れた王府の陰謀」と考えるようにした。それほど阿麻和利は勝連の人々から慕われていたといえよう。

勝連には阿麻和利の足跡を示す「玉ノミウヂ御嶽」「ウシヌジガマ」「ウミチムン」「肝高の御嶽」「ミートゥガー」「ウタミシガー」「カンジャガー」などの遺跡がある。

獅子舞い楽しマリ遊び

松本節（本調子）

獅子やまり連れて
躍り跳ね遊ぶ
我ぬや友ど連れて
遊ぶうれしゃ

歌意

「獅子は毬と遊び踊り飛び跳ね、私は友だちといっしょに遊んでうれしくなる」

旧暦7月に踊る獅子舞を見ながら、友だちどうしが揃って遊ぶ。実に楽しく快いもの。沖縄本島の獅子舞は旧暦6月から8月にかけての旧盆や豊年祭におこなわれ、悪霊を払い世の果報を招来し、五穀豊穣とムラ集落の繁栄を祈願するといわれる。

獅子舞にはワクヤーと称する獅子招きがいて、ドラや太鼓、ホラ貝で獅子を誘い出し、持っている棒と戯れたり、毬などの独特な獅子遊びを演じさせる。その獅子舞は県内のほとんどの地域にあり、首里汀良町《てらちょう》の例を引くと約500年の歴史があるという。

随想

この「松本節」は五穀豊穣・無病息災を祈願する獅子舞の演舞に、世の平和を詠まれた歌謡である。沖縄の獅子は雄で、舞台の獅子舞が始まると、三線曲にあわせて勇ましく踊るが、派手な踊りに幼児は怖さに泣きだし、子どもたちは遠くから恐る恐る見たものである。舞台で踊る獅子舞が済むと本曲の節回しに合わせてのマリ遊びがある。舞台芸のあとは獅子使い（ワクヤー）が誘導して、獅子をあやしながら各家庭をまわった。そうすると大人たちが歌詞のとおり「松本節」で踊った。所によっては「獅子舞節」とも呼んでいたが曲は同一である。古い屋嘉比工工四には「獅子舞（也）節」と記されている。

獅子舞は古くから沖縄本島だけでなく八重山の各島々の豊年祭や厄払いのときに演じられてきた。獅子舞は「ワクヤー」がいて獅子をあやつるが、八重山では雌雄の2頭で演舞する習わしがある。いずれの獅子舞も子孫繁栄、五穀豊穣、水は常にきれいにする。それは平和祈願にも通じるといわれている。

情けで布を染め上げる

仲風節（本調子）

なさけあて染めれ
紺屋のあるじ
染めてあるかなの
あだになよめ

歌意

糸や布を紺に染めるにも情けが必要。客が持ち込んだ布を、染め屋の店は精を出せば出すほどきれいに染めてくれるのでアダにならないという。この仲風節には本調子もあれば二揚曲もある。仲風節は出だしの高音が特徴で、長歌と同じく「八」の音句が長く続き、女性から男性に宛てた独唱で歌われる古典音楽でも特徴のある歌で、独特の技法がある。

「遊び仲風」というのもある。

「忘らりみ忘らぬ互いに・染みなちゃる玉ぬご縁・里よ」（お互いに忘れられないよ、染めてある玉のようなご縁、あなたよ）という。これは上原直彦の作詞・普久原恒勇の戦後作である。

随想

そのむかし、那覇のはずれに紺屋があった。多くの女性たちが機織りで織り上げた生地を持ち込み、お上品な紺地に染め上げてもらうのである。染粉で手も染まってしまったご主人であったのに、気にしないどころか、むしろそれを誇りにしているようであった。きれいに染め上げて客に喜ばれるのが誇りにも見えた。自らの仕事に誇りを感じ、精出して取り組むことこそ、幸せではないか、と思っていた。

「紺屋」とは染め物をする店のことで紺地の染めを専門にしていた。与那原駅前にも染め屋があったように思う。江戸時代から奈良にあったと伝わる紺屋が、独特の織物を持つ沖縄にもできたと言われ、紺地染めによく利用されたものである。「情けをかけて染めてくださいよ紺屋のご主人さん」。それはまさに「心の対応」であった。

あとがき　古典音楽を見直そう

「歌は世につれ世は歌につれ」と言うが、まず最初に手をつけたのは、野村流古典音楽保存会の編纂による「上巻」「下巻」全曲の歌詞とその「歌意」それに「随想」をつけての刊行である。手持ちの古典音楽・野村流工工四に従って順を追い、外れることなく書くことを決めた。あまりに曲が多く、難曲もあったが、古典音楽への執念で乗り越えたつもりである。三線に親しむ人だけでなく、琉球芸能、文化を好む方々に目を通していただくことを願いながら、難儀を乗り越え、文として書きあげた。不備ではあっても、友人たちの励ましがあったことが嬉しく、パソコンの手打ちが進んだ。

書きながら、三線歌は理窟でなく心の波動であることを、いまさらながら知ることになった。自ら古典音楽の三線を弾きながら、心の状態によって声が変化していくことを実感している。そして文中に多い恋歌への意味はみずみずしい感情をあたえてくれると思った。曲によっては月や星のように輝いてみえた。工工四を広げ、三線を手にしながらの拙文であるが、どの三線曲にも人のこころが映しだされていることを実感している。拙文ではあるが音楽家だけでなく、沖縄文化に親しんでいる方々が、それを感じ取っていただけるとすれば感謝以外にない。

著者略歴

宮城鷹夫（みやぎ　たかお）

一九二三年、沖縄県佐敷村（現南城市）生まれ。

台北師範学校本科卒業。植民地時代の台湾で民俗と歴史文化を学ぶ。

戦後、米国民政府情報教育部（ＵＳＣＡＲ）を経て沖縄タイムス記者、論説委員長、主筆、代表取締役専務、タイムス総合企画社長。

沖縄国際大学で新聞学の講師を務めたあと、沖縄県文化協会顧問、沖縄県南部連合文化協会名誉会長、南城市文化協会名誉顧問、秘伝古武道本部御殿手範士、全沖縄空手古武道連合会最高顧問などを歴任。沖縄県文化功労賞（二〇〇一年）、文部科学大臣賞（二〇〇四年）、沖縄県功労者（二〇一七年）。

著書に『「時代」は流れて１００年目』（沖縄タイムス　二〇二二年）など多数。

歌《うた》三線《さんしん》の民俗誌《みんぞくし》
沖縄《おきなわ》文化《ぶんか》の源流《げんりゅう》を求《もと》めて

二〇二四年四月二五日　初版第一刷発行

著者　宮城鷹夫《みやぎたかお》

発行　株式会社文藝春秋企画出版部

発売　株式会社文藝春秋
〒一〇二―八〇〇八
東京都千代田区紀尾井町三―二三
電話〇三―三二八八―六九三五（直通）

装丁　アルビレオ

本文デザイン　落合雅之

印刷・製本　株式会社 フクイン

ISBN978-4-16-009062-0

Printed in JAPAN